28 ANS D'ANGOISSE

Parce qu'il est possible
de vivre avec !

Noholito

28 ANS D'ANGOISSE

Parce qu'il est possible de vivre avec !

FIRST
ÉDITIONS

Avec la participation de Stéphane Faury, psychologue, pour l'explication de la thérapie des schémas (p. 29), de l'EMDR (p. 44), des thérapies cognitivo-comportementales (TCC) (p. 101), de l'hypnose (p. 98), de la différence entre psychologue et psychiatre (p. 104) ainsi que pour la rédaction d'informations relatives aux crises d'angoisse (p. 56) et de conseils pour les gérer (p. 164).

Photographie de couverture : Florent Salaün
Illustrations intérieures : Shutterstock, Gabriele Musolesi
Correctrice : Emma Troude-Beheregaray
Mise en pages : Gabriele Musolesi

ISBN : 978-2-412-07423-7
Dépôt légal : octobre 2021

Éditions First, un département d'Édi8
92, avenue de France
75013 Paris – France
Tél. : 01-44-16-09-00
Fax : 01-44-16-09-01
E-mail : firstinfo@efirst.com
Internet : www.editionsfirst.fr

Je dois faire une dédicace, non ? Dans les *Harry Potter*,
il y en avait une au début…

Je dédie ce livre à ma mère, à mon père et à toute la casbah !

Sans oublier mes amis Steyla, Emma, Adé, Manon, Noellie, Manu et Chloé. Peut-être que j'ajouterai un dernier nom si la personne à laquelle je pense fait ses preuves avant la fin de l'écriture de ce **livre**.

Je dédie aussi ce livre à Pomme, mon premier animal de compagnie, qui était un chat. Un de mes frères se foutait de la gueule du nom que je lui avais donné… J'ai beaucoup pleuré, car j'aimais ce nom, moi ! En revanche, je n'ai pas versé de larmes quand il a passé l'arme à gauche, parce que mes parents m'ont dit qu'il avait pris ses bagages et qu'il était parti en vacances. Autrement dit, il s'est fait écraser par une voiture.

Bisous Pomme.

MDR Finalement il n'a pas fait ses preuves MISKINE.

SOMMAIRE

Prologue

C'est ce qu'on dit avant de commencer les premiers chapitres, non ? MDRRR Mais pourquoi j'écris un livre ? Je n'en lis jamais ! Je suis une arnaque. OMG J'espère que t'auras lu ça avant de l'acheter, MISKINE.

Autant t'habituer dès maintenant : je pars en vrille facilement, gourgandine !

Bon, le titre est accrocheur !

J'espère que ça poussera les plus curieux à l'acheter et à renflouer mes caisses, pour le plus grand plaisir de mon banquier. Il ne va pas tarder à me proposer de placer mon argent afin qu'il ne dorme plus dans un simple compte courant. Ça dort, l'argent ? **Bref ! Je m'évade...**

Quand tu lis un tel titre, des interrogations peuvent naître dans ton esprit. Si tu n'en as pas, restes-en là, jette ce livre et lis du **Victor Hugo**.

J'ai tenté de lire *Vingt mille lieues sous les mers* de Jules Verne. Pour le coup, j'ai coulé, je n'ai rien compris au livre.

D'ailleurs, j'ai la prétention d'écrire un livre alors que les seuls que j'ai lus, c'est les *Harry Potter* et les *Twilight* ? Ah, non ! Je suis mauvaise langue, j'ai aussi lu *Candide* de Voltaire en 3e, en cours de français. Merci Internet ! Je regardais les résumés sur des blogs la veille des contrôles pour éviter de lire ces satanés livres obligatoires imposés par **l'Éducation nationale**. Mais *Candide*, je ne sais pas, j'ai eu envie de le lire. C'était surtout pour ne pas avoir l'air con et pour pouvoir briller en société quand on me demande : « Quel livre aimes-tu ? » Au moins, je peux répondre autre chose que *Harry Potter et Les Reliques de la mort*. Mais pour me foutre la honte, ma meilleure amie ne cesse de répéter : « Il dit tout le temps *Candide* car c'est le seul livre qu'il a lu dans sa vie... » Connasse !

Faites pas ça, les jeunes ! ('Fin faites comme vous voulez.)

Je divague, mais tu l'auras compris, on va parler angoisse dans ce livre.

Préambule

« Avant de vous raconter mon histoire, je dois vous raconter la leur. »

C'est ce que j'aurais écrit si j'étais l'altruiste **Mélinda Gordon**, sauf que j'ai la prétention de dire que je suis le nombril du monde.

Je vais donc raconter mon histoire et ça s'arrêtera là. On va laisser les fantômes passer la lumière tout seuls. Ceci dit, moi aussi, j'ai des fantômes du passé qui ne veulent pas aller au bout du tunnel, apparemment. Ces petits cons continuent de me hanter. Peut-être que je ne suis pas encore prêt à les oublier ? Ça y est, je me prends pour un psy...

C'est certainement ça le but de ce livre ! Écrire pour me comprendre et non pour vendre. J'écris d'abord pour moi, pas pour toi. Ça a un effet libérateur !

Tu ne sais pas qui est Mélinda Gordon ? T'as dormi dans la grotte de Lascaux ces dernières années ? C'est la meuf qui fait passer la lumière aux macabés dans la série *Ghost Whisperer*.

Ton pet peut puer autant que celui de ton voisin, alors serre les fesses avant de parler !

Parlons des petits cons

Ces petits monstres qui passent leur temps à juger, à te dire ce que tu dois faire ou ne pas faire, ce que tu aurais dû faire ou ne pas faire. Je leur conseillerais bien de balayer devant leur porte avant de venir balayer devant la mienne. Le **SIF** du voisin n'est peut-être pas totalement propre, mais regarde d'abord le tien avant de commenter le sien.

Je vivais à travers les autres et non pour moi. Comme un pantin à son marionnettiste, j'avais l'impression d'être suspendu à la main de ces petits cons. Très belle cette phrase, non ? **Tu noteras que je ne suis pas Voltaire, mais que j'arrive quand même à être imaginatif niveau tournure de phrases.** J'ai toujours accordé plus d'importance à l'avis des autres qu'au mien… C'est quand même dommage de vivre à travers les yeux des autres ! Je doute même de la publication de ce livre… Que vas-tu en penser ? Que vas-tu penser de mon histoire ? Vas-tu la trouver ridicule ? Vas-tu comprendre mon message ? C'est si triste de n'avoir ni confiance en soi ni estime de soi, de se croire inférieur à l'autre. Rien que cette première page me fait prendre conscience de plein de choses, et **une petite larme** se glisse déjà dans le creux de ma joue.

MISKINE
Ça y est, il va pleurer dans les chaudières.

Bref, on va finir par écouter du Jena Lee et s'ouvrir les veines, ce n'est pas le but non plus, mes gousses d'ail.

Je te le dis : ce livre, je l'écris pour moi, mais s'il peut te servir, tant mieux.

Après vérification sur le net, c'est « chaumières », pardon !

Un livre pour moi, mais aussi pour toi

Deuxième jour d'écriture : après une nuit agitée pendant laquelle j'ai rêvé qu'un tueur en série essayait de me trucider, j'ai quand même décidé de continuer ce livre... Combien de temps ? Je ne sais pas. Note que dans le cauchemar, j'ai préféré donner **Pamela** au tueur pour sauver ma peau. Oui, je suis comme ça. Redoutant la mort comme la peste, je suis prêt à **vendre mon âme pour survivre** plutôt que de mourir. Ce qui est assez contradictoire avec mon mode de vie, puisque je reste enfermé la plupart du temps par peur de m'ouvrir au monde et de le découvrir. En général, les gens qui ont peur de la mort, des vers de terre mangeurs de cadavres et des cercueils **vivent leur vie à pleines dents** pour ne pas en rater une miette, justement !

Et surtout celle des autres.

Sur la photo, elle était petite. Elle a pris du lard depuis !

Je crois que ce n'est pas ça l'expression, je ne suis pas une lumière vous m'excuserez...

Pamela, c'est mon chien qui rote et qui pète. T'as deviné la race avec ces deux infos ? C'est assez simple : un bouledogue français !

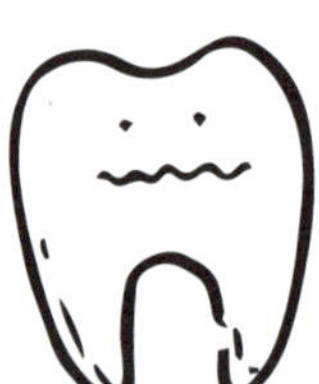

Enfin bref, en plein confinement acte 2, je me retrouve sur mon canapé à faire une rétrospective de ma vie et je me dis que je manque sacrément de recul. Aujourd'hui, ma cuvette de chiottes s'est rabattue en faisant un bruit monstrueux, **ça m'a énervé, je lui ai foutu un coup de poing !**

Réflexion intense

Happy année 2020 ! J'en arrive à ne plus supporter les êtres humains... Je ne supporte même plus les objets !

Entre les confinements acte 2 et acte 3, je n'ai écrit qu'un seul paragraphe du livre. Mon dieu, mais jette ce bouquin ! Demande un remboursement ! Je ne suis pas sérieux, je ne suis pas adulte, **je, ne suis que le croûton à l'ail qu'on met dans la soupe !**

Mais qu'est-ce que je raconte ?
Les câbles, ils se touchent
dans mon cerveau !

Là, tu te demandes : « Mais quel rapport avec les crises d'angoisse ? » Eh bien, je ne sais pas moi non plus. On va dire que, pour ceux qui ne me connaissent pas, c'est une façon de découvrir mon humour.

Comment un cloporte comme moi a eu l'idée d'écrire un livre ? En vrai, à force d'aller chez la psy et de me plaindre de mes problèmes quotidiens, je me suis dit : « Tête de nœud, pourquoi tu n'écrirais pas une sorte de journal dans lequel tu te livres ? » À chaque séance avec ma psy, je racontais ma jeunesse, mon adolescence, et je me rendais compte que j'en apprenais beaucoup sur moi.

Je me suis donc dit :
« Vas-y, Mimile ! Écris,
livre-toi à toi-même. »

C'était d'ailleurs une période où **je ne me sentais pas bien à cause des mecs.**

Pour changer ! c'est
toujours eux, le problème.
Des noyaux d'olive, les mecs...
Ils ne servent à rien.

Comme je raconte tout sur les réseaux, j'ai parlé de mes crises d'angoisse. Les réactions m'ont permis de comprendre que je n'étais pas le seul dans ce cas. La situation actuelle n'aide évidemment en rien (distanciation sociale, isolement et autres mesures sanitaires obligent). Beaucoup m'ont dit : « Si tu écris un livre, je veux le lire. » Alors, ce n'était pas l'idée première, mais voilà où nous en sommes... Tu lis mon livre. **Qui l'eût cru ?**

Vous avez devant vous un écrivain, MDR qui a besoin de 40 relectrices pour corriger ses fautes. MDRRR Je ne suis pas crédible !

Pendant mes études de droit, j'ai suivi une méthodologie très stricte. Pour les dissertations comme pour les commentaires d'arrêt ou les cas pratiques, on devait faire deux parties. Pas une, pas trois, non, deux ! Si tu ne suivais pas cette directive, tu pouvais aller niquer des mères que tu n'aurais pas la moyenne. J'espère qu'aucun de mes professeurs ne lira ce livre car il sera en quatre parties. Pas deux, pas trois mais bien quatre parties !

En hommage à mes chers professeurs de droit, je vais même faire une annonce de plan !

De ma plus tendre enfance à la naissance de mes crises d'angoisse à l'adolescence jusqu'à ma peur de vivre à cause d'elles, j'ai enfin appris à les accepter et à vivre avec !

Comme quoi, il y a de l'espoir !

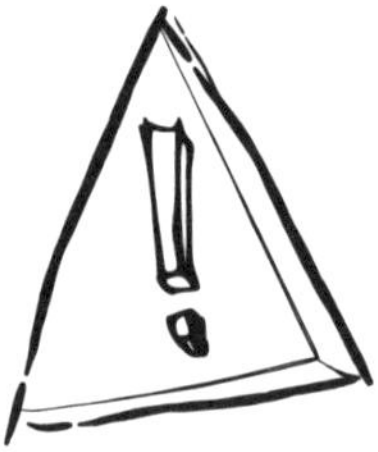

Je préfère te prévenir, si tu viens dans l'espoir de trouver une solution miracle pour vaincre tes crises d'angoisse ou t'en débarrasser, ce n'est pas du tout le bon livre. En revanche, tu y trouveras peut-être un élément de réponse pour les accepter et vivre avec.

Avec l'aide de ma psy, je me suis rendu compte que vouloir se débarrasser des crises d'angoisse à tout prix, c'est prendre le problème à l'envers.

Les crises d'angoisse ne sont qu'un symptôme d'un problème beaucoup plus profond. Si j'en fais, si tu en fais, c'est qu'il y a une raison à cela.

Tes paroles, tes actes, ont un impact et des conséquences (positives comme négatives) sur la vie des autres.

Les gens n'ont pas conscience de la puissance des mots. Tu peux détruire une personne par de simples paroles, alors prends le temps de réfléchir avant de parler.
Ce qui nous impacte nous façonne. Les mots prononcés à mon égard m'ont amené à être qui je suis aujourd'hui. Sans le vouloir, ils ont eu un rôle à jouer dans ma construction. On ne se construit pas seul, ne l'oublie pas.

Quand on lance un caillou plat dans la rivière, celui-ci ricoche deux, trois, quatre fois... Il affecte nécessairement la tranquillité de l'eau.

MDR
TMTC quand on fait ce geste...

L'avant crise d'angoisse

La crise d'angoisse est la partie émergée de l'iceberg.
Le problème n'est pas visible. Je suis persuadé que mes crises viennent de ma jeunesse. Je vais donc la raconter.
Ce sera thérapeutique pour moi.

Si tu n'es pas curieux, tu peux passer à la suite directement mais je pense que tu y trouveras quelques réponses sur la naissance des crises d'angoisse.
Dans mon cas, je crois que ma première crise, c'est la goutte d'eau qui a fait déborder le vase, celui qui se remplissait depuis tout petit.

Le moi tout petit

Un foyer d'angoissés

Mes parents sont des gens très stressés. Une hypnotiseuse (je t'en parlerai plus tard) m'avait expliqué que la cellule familiale est un sacré facteur dans nos angoisses futures ! Ma mère faisait des crises de spasmophilie (une variante des attaques de panique, peut-être la même chose en fait). Elle prenait des cachets très mauvais pour la santé. Devinez quand elle a arrêté ? Quand elle a su qu'elle était enceinte de moi !

Ma mère est donc une angoissée de la vie. J'avais une chance sur deux pour que mon père le soit aussi. Bingo ! Mon père a également déjà fait des crises d'angoisse. Jackpot ! Mes deux parents sont des stressés de la vie puissance 1 000 !

À ce stade, ce n'est plus du stress, mais de l'anxiété et de l'angoisse. Logique que **je sois angoissé comme jaja**. Généralement, un des deux parents l'est, là j'ai carrément évolué dans une cellule d'angoisse. Mon père avait peur de tout, ma mère avait peur de tout. Faire des courses, c'était un stress énorme, pour l'un comme pour l'autre.

Pendant que j'écris, Pamela a lâché son meilleur pet au soleil. J'ai ri fort !

Le petit moi surprotégé

Il était une fois un petit James qui vivait avec sa mère, son père et ses deux demi-frères.

Mes premiers souvenirs remontent à mes 4 ou 5 ans, avant je ne me rappelle pas. Ma mère, si. Elle dit que, petit, je dormais. Je ne faisais que ça ! À tel point que, certaines fois, ils vérifiaient si j'étais encore de ce monde. Je n'étais donc pas un avorton chiant qui pleurait la nuit, etc. mais MISKINE... ça a vite changé, je me suis bien rattrapé par la suite. Dès que j'ai su parler. **J'étais l'enfant horrible et insupportable** qui monopolisait l'attention lorsqu'il y avait des adultes. « Maman regarde, maaaaaaman, regarde ! » Cet enfant qui fait un truc nul à chier mais qui croit trop que c'est un truc de fifou. Si j'avais été ma mère, j'aurais mis James au four pour une petite cuisson.

Vers 4 ou 5 ans, je suis allée chez une psy. Voilà pourquoi je commence ce livre à cet âge-là. Je ne faisais pas de crise d'angoisse mais c'en était les prémices. Ma mère me couvait, on était collés, **les deux doigts d'une main**. Je ne comprends aucune expression française, mon cerveau n'y voit aucune logique. Je suis un peu comme une certaine personne de la télé-réalité qui,

On ne dit pas les cinq doigts d'une main ?

Moumoune d'amour et le chieur

Tiens, encore une expression que je ne comprends pas.

au lieu de dire « mettre la charrue avant les bœufs », dirait « mettre la charrue avant la beuh ». Bref, **revenons à nos moutons**. Quand mon père partait au travail à 6 heures du matin, je courais dans la chambre de ma mère. On dit souvent que les garçons sont plus proches de leur mère que de leur père. Pour ma part, c'est bel et bien vrai. Mon père m'aimait autant que ma mère mais il était beaucoup moins démonstratif. Chacun a son vécu, chacun a son caractère. À cette époque, je le voyais comme un homme autoritaire.

Papounet d'amour

D'un côté, ma mère me laissait tout faire, de l'autre, mon père m'empêchait de faire quoi que ce soit. Avec le recul, je sais qu'ils ne voulaient que mon bien. Je me sentais étouffé à la fois par ma mère collante qui me passait tout et par mon père qui m'empêchait de jouer avec une simple feuille. J'ai été trop choyé. Et pas toujours comme il faut. Je ne leur en veux pas. Chacun réagit différemment, chacun interprète les signaux à sa manière.

Dès que l'attention n'était pas sur moi, je me sentais seul. Je ne peux pas en vouloir à mes

parents et j'espère qu'ils ne seront pas tristes en lisant ce livre. Je leur dirai simplement qu'ils m'ont bien éduqué, que j'ai de belles valeurs grâce à eux. Comme dit ma psy actuelle : chacun éduque ses enfants comme il peut. Chaque parent a son histoire personnelle. Moi-même, **si un jour j'ai des enfants**, je n'aurai pas la prétention de dire que je les ai éduqués de la meilleure façon possible. Mon côté trop casanier, asocial, impactera certainement le caractère de mon enfant d'une manière ou d'une autre. À force d'être à mon contact, mon chat est devenu casanier lui aussi et ne supportait plus personne ! Le comportement d'un parent a une influence sur le devenir de son enfant.

Après, je ne suis pas sûr d'avoir un avorton dans l'avenir car je ne les supporte pas trop. Ils te regardent avec leurs petits yeux, on dirait qu'ils sondent ton âme et te jugent. En vrai... avoue, parfois t'as peur de ce que vont dire les gosses. Ils sont tellement imprévisibles qu'ils peuvent te sortir à tout moment un « T'es pas beau ! »

Être le centre de l'attention

En bref, dès mes 4 ans, je réclamais sans cesse de l'attention. Pourquoi ? Je pense qu'on m'en donnait tellement (entre mon père qui faisait attention à tout ce que je faisais pour éviter que je me tue avec une poussière et ma mère supra collante) que dès que je n'en recevais plus ne serait-ce que cinq minutes, je trouvais ça anormal. C'est à ce moment-là que j'ai commencé à me faire vomir... Oui, à l'âge de 4 ans ! Dès que je voulais de l'attention, je me forçais à vomir.

Je me souviens d'un moment (c'est drôle de s'en rappeler après tant de temps)... Un soir, mes frères, ma mère et mon père étaient devant la télévision à regarder le foot. (Peut-être bien la Coupe du monde de 1998, que sais-je ?) Tout le monde était concentré sur la télé. Tout le monde, sauf moi ! Je me revois derrière le canapé, à observer ma famille en train de rigoler et de crier lorsqu'il y avait un but.

Et ça, ça me dérangeait.

Ma psy va t'expliquer ce qu'est l'EMDR plus loin. Un peu de patience, gousse d'ail !

Leur attention était focalisée sur la télé et pas sur moi. Je me revois aller dans ma chambre et vomir dans mon lit. À ce moment-là, qu'est-ce que j'y ai gagné ? Mes parents. Ils ont reporté leur attention sur moi immediatement. Ce moment marquant ne m'affecte plus aujourd'hui grâce à des séances d'**EMDR** avec ma psy actuelle. Pour autant, ça reste le premier épisode qui conduit aux crises d'angoisse.

Mes frères et moi

À avoir été trop chéri, chouchouté, couvé, dès que je n'étais plus le centre de l'attention, je me sentais mal. Très mal. Derrière un sourire, derrière un rire se cache souvent du désespoir et de la tristesse. Ce n'est pas anodin si je me suis lancé sur les réseaux sociaux. Ce n'est pas anodin si j'amuse la galerie, si je fais rire les gens autour de moi. Faire rire est un besoin, ma drogue.

Si je fais rire,
on m'aime.

Si je fais rire,
j'existe.

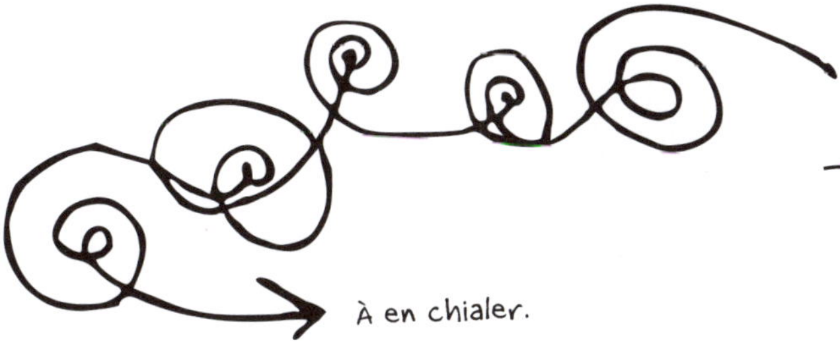

À en chialer.

C'est si triste de dépendre des gens pour créer son propre bonheur. Je suis incapable d'être heureux par moi-même. J'ai besoin de l'approbation des autres. Comme tu le vois, ça a commencé tôt, très tôt, à 4 ans. Et ce n'est que le début de la recherche d'attention. Il n'y a pas eu que les vomissements. Les crises d'angoisse ne sont pas arrivées comme par magie dans ma vie du jour au lendemain. Elles se sont toujours déclenchées à des moments marquants.

C'est peut-être un élément de réponse pour ceux qui ont déjà fait des attaques de panique.

Le problème vient de plus loin que la crise elle-même.

En écrivant comme je le fais, peut-être que si tu fais des crises d'angoisse, tu pourras mettre des mots sur tout ça et finir par comprendre ce qui a fait naître ce mal-être. Et, par te comprendre toi-même, j'en suis sûr.

Petit, je suis allé voir une psy pour les vomissements. C'est ma mère qui me l'a dit il y a quelque temps. Mon cerveau avait supprimé cette information, je n'en ai pas le moindre souvenir. Peut-être s'est-il protégé en m'enlevant **ces souvenirs** ? Je me souviens des vomissements, mais pas de cette psychologue.

Les vomissements se sont arrêtés au bout de quelques mois, mais j'en garde encore des séquelles. Toi, quand tu as trop bu en soirée, si tu veux te faire vomir, tu te mets les doigts dans la gorge pour le faire. Moi, j'en suis incapable. Ça me rappelle ces moments. J'ai arrêté de me faire vomir mais d'autres effets de ces angoisses, de ce stress intérieur, se sont manifestés à la suite de la séparation de mes parents.

Pardonne-moi, James

Le moi tout petit, **AHHHHH**, le moi tout petit, tout mignon, frêle et gentil. C'est très étrange d'écrire sur moi, sur le petit James. Allez **HOP**, une larmichette sur la joue. En écrivant les mots « moi tout petit », j'ai vraiment l'impression de lui parler. Je vois ce James tout petit, seul dans sa chambre. Je vois ce James et j'ai envie de le prendre dans mes bras. De lui dire pardon... Pourquoi « pardon ? »

Pardon de ne pas l'avoir écouté, pardon de ne pas l'avoir chéri comme j'aurais dû le faire. Pardon à mon moi intérieur de ne pas avoir su m'écouter. D'avoir rendu des comptes à des gens pendant 28 ans au lieu de me les rendre à moi-même. D'avoir oublié de me demander si ça va, de me prendre dans mes bras.

Pardon, James.

Bon, allez, stop, on va tous chialer. On n'est peut-être pas là pour trier des lentilles, mais on n'est pas là non plus pour pleurer dans **les chaumières**. MDR J'emploie des expressions, je ne suis même pas sûr de les comprendre. *Viva la vida !* On n'a qu'une vie !

cette fois-ci, je ne me suis pas trompé HIHI. Je m'améliore, gourgandine !

La thérapie des schémas : rencontre avec son moi petit

D'ailleurs, avec ma psy, on a pu recourir à la thérapie des schémas, c'est-à-dire reconnecter mon moi petit avec mon moi de maintenant. Ma psy va te l'expliquer bien mieux que moi dans l'encadré ci-contre. J'aime énormément cette approche car elle permet vraiment de se connecter à soi-même, à son for intérieur, et de se parler.

Ma psy t'explique

La thérapie des schémas

La thérapie des schémas de Jeffrey Young s'adresse aux personnes souffrant de troubles de la personnalité, comme l'anxiété et la dépression. Deux notions sont centrales dans cette thérapie : **le Schéma Précoce Inadapté (SPI)** et **le mode**.

Un SPI est un modèle ou thème important et envahissant fait de souvenirs, d'émotions, de cognitions et de sensations corporelles qui nous concerne nous-même et nos relations avec autrui. Il y en a 18 en tout dont le schéma de l'abandon, de l'échec, du manque de limite, de l'inhibition émotionnelle, etc.

Les SPI se développent dans l'enfance et à l'adolescence lorsque les besoins fondamentaux (comme la sécurité ou l'autonomie) n'ont pas reçu de réponses suffisantes. L'individu se comporte comme s'il était **soumis au SPI** et **développe des stratégies d'évitement ou/et de compensation** afin de contrer l'activation du SPI. Les SPI sont donc dysfonctionnels et entraînent une souffrance.

Lorsque James écrit « *me voilà encore à subir le sentiment d'abandon* » (p. 64), le SPI activé de James dans cette situation semble être le schéma « abandon ». On peut trouver des éléments expliquant la construction de ce SPI durant son enfance. Lorsqu'il écrit « *Si je dois choisir entre un gars bien, stable, et un mec perdu, je vais bien entendu foncer sur le second choix* », on observe qu'il est soumis à son SPI abandon. Il choisit (inconsciemment) des partenaires et des proches imprévisibles ou non disponibles. Il met en place des stratégies d'évitement (p. 111) : « *Je suis donc devenu encore plus casanier que je ne l'étais, appréciant la présence de mes amis, de ma famille, et ne m'ouvrant plus aux autres.* »

Les modes, quant à eux, sont un regroupement de SPI et/ou de stratégies précoces actifs à un moment donné chez un individu. Cela peut être un état émotionnel infantile (la peur, la colère), une manifestation de stratégies précoces (la fuite, le combat ou la sidération) ou alors l'internalisation d'un fonctionnement parental (le parent punitif, le parent exigeant).

Un SPI n'est pas une fatalité, il peut se désactiver en partie grâce à la psychothérapie. La thérapie des schémas a pour objectif de diminuer l'influence des schémas et des modes inadaptés sur le comportement de l'individu grâce à différentes techniques : **reconnaître et nommer les schémas et les modes et le reparentage** utilisé afin d'apporter à l'enfant intérieur les ressources indispensables pour combler les besoins affectifs non nourris pendant l'enfance.

Prenons un exemple. Lorsque vous aviez 6 ans, vos parents se sont séparés. Ils se sont beaucoup disputés à ce moment-là. Face à trop d'émotions et de pensées négatives, votre enfant intérieur de 6 ans s'est figé dans le temps. Même si, aujourd'hui, vous en avez 21, votre enfant intérieur de 6 ans n'a pas pris conscience que le temps était passé, que le divorce avait été prononcé et que la relation entre vos parents est maintenant apaisée. Il ne sait donc pas que vous êtes adulte et il continue de s'exprimer sur le même mode que l'enfant de 6 ans, c'est-à-dire avec une profonde tristesse, ce qui influence vos réactions actuelles.

À 6 ans, vous auriez certainement eu besoin que vos parents vous rassurent en vous expliquant que ce n'était pas de votre faute, que cela ne changerait rien à l'amour qu'ils vous portent, etc. Lors de la séparation, vos parents n'étaient peut-être pas en mesure d'entendre vos besoins de réassurance car ils étaient pris dans leurs problèmes personnels. Le reparentage consiste alors, en séance, à rassurer cet enfant intérieur de 6 ans en dialoguant avec lui.

Conseil de lecture : *Je réinvente ma vie, vous valez mieux que vous ne pensez*, J. E. Young, J. S. Klosko, Éditions de l'Homme, 2018.

La séparation de mes parents

Je suis une vraie Madeleine.

Aparté sur les bienfaits de l'écriture

Je commence ce chapitre le lendemain du précédent, je ne m'étais pas rendu compte à quel point **c'était éprouvant d'écrire des choses sur sa vie**. On ressasse des choses d'un passé qui nous est lointain. Le premier chapitre m'a fait beaucoup de bien. J'ai mis des mots sur des points que je refoulais.

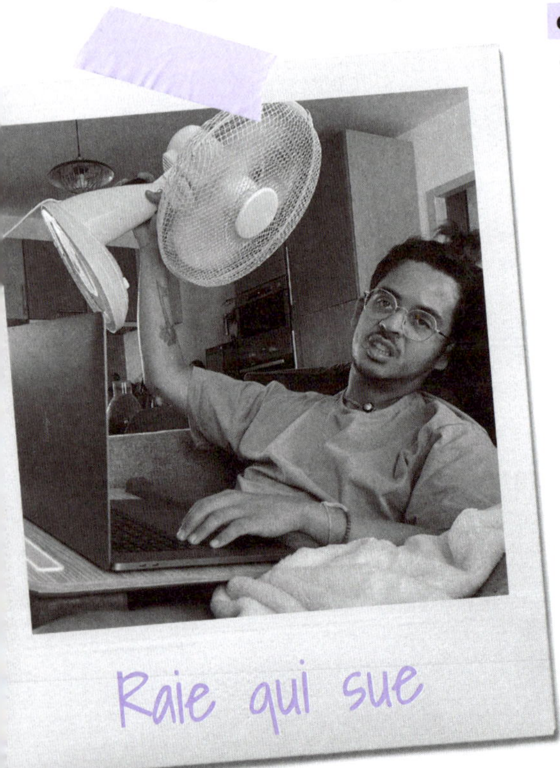

Raie qui sue

J'ai appris sur moi.

Et je suis sûr que la suite de ce journal m'amènera à apprendre plus de choses sur moi-même. Je le répète, si tu as besoin de parler, il n'y a pas que la parole, il y a aussi l'écriture.

C'est parfois difficile de parler à quelqu'un, mais qui t'oblige à le faire ?

Parle-toi à l'oral comme à l'écrit.

Une fois, je me suis surpris à me parler devant le miroir. Je me suis regardé droit dans les yeux et je me suis dit : « Je t'aime, James. »

Ça m'arrive parfois de raconter des trucs à Pamela (mon animal mi-cochon, mi-chien). Rien ne vous oblige à raconter vos problèmes à un être humain.

Tu peux facilement deviner la suite, je me suis effondré, MISKINE. D'ailleurs, on est horrible quand on pleure ! C'est limite ridicule de se regarder pleurer. Quand j'ai dit « Je t'aime » et que j'ai pleuré, OMG, j'avais une tête de prépuce ! J'ai arrêté de pleurer tellement je n'étais pas crédible. Dans les films, quand un personage pleure, il n'y a rien de drôle. Là, je t'assure, tu m'aurais vu, tu aurais pissé dans ta **coulotte**. Écrire ne nécessite pas d'être un grand auteur. Écris avec tes mots, tu verras ça fait du bien. Regarde ce livre, on voit bien que je ne suis pas quelqu'un de lettré, et alors ?

Faute volontaire, je dis « coulotte » et pas « culotte », avec un petit accent portugais.

Aparté bis : un amour de tielle

Bref, je m'évade, on ne parle pas du tout du thème à aborder dans ce deuxième chapitre. C'est hallucinant comme je peux partir sur un tout autre sujet quand je parle avec quelqu'un. Même à l'écrit, je pars en couille complet ! À tout moment, je peux te parler de mon amour inconditionnel pour les tielles sétoises entre deux paragraphes de chialades. AHHH qu'est-ce que c'est bon les tielles !! Un partenariat avec une marque de tielle serait l'aboutissement de ma carrière sur les réseaux. J'aurais enfin trouvé un sens à ma vie ! Faire une story Insta dans laquelle je déguste une tielle en en parlant avec amour... Le rêve ! Je n'ai même pas envie de te décrire ce qu'il y a dedans ni son goût, je veux juste que tu testes par toi-même. Tu m'en diras des nouvelles ! Non, mais JE RÊVE, j'ai vraiment fini par parler de tielles ! Un paragraphe entier. Je me fatigue... Par moments, je me fatigue tellement que je fais des siestes pour faire une pause et réussir à me supporter toute la journée !

Tielle, mon amour

Petit bonus pour toi à la fin du livre.

Revenons à nos moutons : la séparation

Bref bis, on en revient à la séparation de mes parents.

Vers mes 7 ans, ma mère et mon père ont décidé de se séparer. À l'époque, j'étais partagé entre la tristesse et la délivrance. Ils ne s'entendaient pas et, sur la fin, j'en garde quelques mauvais souvenirs. Aujourd'hui, leur séparation ne me rend plus triste. Ça remonte à tellement longtemps que j'ai l'impression qu'ils n'ont jamais été ensemble.

J'ai fini par vivre chez ma mère pendant la semaine et chez mon père le week-end. Je ne sais pas si c'était le mieux ou pas pour moi. Le côté surprotecteur de mon père était moins présent, ce qui était un soulagement. Attention, Papa : tu vas certainement lire ce livre, je ne dis pas que c'était une délivrance de ne plus vivre avec toi, mais de ne plus vivre avec ta surprotection. D'un autre côté, je cohabitais avec les angoisses de ma mère et son côté fusionnel. J'étais trop collé à elle, beaucoup trop. Je n'évoluais pas par moi-même. Ma mère faisait tout, bâtissait tout, je n'étais que le pion. Je l'ai bien voulu. **Même encore adolescent, je ne parvenais pas à appeler** ne serait-ce que pour prendre rendez-vous chez le coiffeur, il fallait que ma mère le fasse. Je ne parvenais pas à aller chez le medecin seul, etc.

En plus, dès que j'appelle quelqu'un, on m'appelle « madame » à cause de ma voix aiguë, ce qui crée un malaise au téléphone.
Je suis obligé de prendre une voix grave qui n'est pas la mienne, MISKINE.

J'ai commencé à en vouloir à mon père. De quoi ? Je ne sais pas. J'entendais des choses dont je ne me souviens pas aujourd'hui, mais qui m'apparaissaient comme des vérités. Ma mère n'était pas responsable : elle ne me disait rien de méchant sur mon père, mais j'entendais les conversations qu'elle avait avec ses amis, etc. Lors d'une séparation, il arrive qu'on déteste la personne qui nous a quitté ou qu'on a quittée. Elle lui en voulait. Moi, petit et curieux, j'écoutais et je finissais par en vouloir à mon père.

De la colère aux signes physiques

Si je vous parle de ça, c'est que j'ai commencé à faire pipi au lit, mais uniquement chez mon père. Je ne voulais plus y aller. Et c'est ça le lien avec les crises d'angoisse que j'ai pu faire. Attention, si tu fais des crises d'angoisse occasionnelles, peut-être que le problème n'est pas aussi profond que le mien. Dans mon cas, je faisais pipi au lit car j'en voulais à mon père. Bien sûr, à l'époque, je n'avais pas conscience de ça.

J'ai finalement arrêté de faire pipi au lit assez tardivement, aux alentours de mes 10 ans. Je ne me souviens plus trop des détails, mais je pense que ça a cessé lorsque mon père a rencontré mon ex belle-mère. Ça a dû amorcer un nouveau départ dans ma tête. Les filles de sa nouvelle compagne étaient des sœurs pour moi et cela m'a aidé à dédiaboliser le fait d'aller chez mon père le week-end.

Il en est de même pour les crises d'angoisse que je fais aujourd'hui. Elles prennent leur source quelque part, dans mon vécu. C'est pour ça, qu'à travers ce journal, j'ai l'espoir que tu ne cherches pas désespérément à vaincre tes angoisses, ce qui est, à mon sens, la pire manière pour aller mieux. Il faut d'abord en chercher la cause et se comprendre. Se retrouver. Ça fait tellement du bien. J'en suis là actuellement.

**Ça prend du temps,
mais une fois qu'on commence
à construire les fondations
d'une maison,
le reste avance bien plus vite.**

Bon, des fois je fais n'importe quoi et la maison devient bancale, elle tient sur un fil MDR.

Après les vomissements et le pipi au lit commence une nouvelle phase : les migraines nerveuses. **Avec le recul, mon corps me faisait passer un message.** Comme s'il me disait : « James, je suis malade, je suis fatigué, prends soin de moi. »

Dans la société actuelle, on cherche toujours la validation des autres, il faut toujours se surpasser pour être le meilleur. Avoir la meilleure carrière, avoir une vie de rêve. Pas la vie dont on rêve, mais la vie qui fera rêver les autres qui, on l'espère, nous idéaliseront. On finit par se perdre en cours de route, par se délaisser et vivre pour les autres. Au final, on laisse notre santé mentale, notre santé tout court, de côté.

Je me suis retrouvé avec des migraines de plus en plus présentes, jusqu'à en avoir une par jour. Tu te rappelles, je t'ai dit que j'avais besoin de recevoir de l'attention en permanence, d'où les vomissements ? Je suis persuadé que les migraines reprenaient ce même scénario.

Avec du recul et grâce à mes séances de psy, je peux désormais dire que c'était bien un appel à l'aide. Je me sentais en insécurité chez ma mère. Elle était en constante bataille avec un de mes deux frères, qui venait de revenir chez nous, mais je passerai les détails pour ne pas avoir à les revivre. J'avais besoin de me sentir en sécurité, j'avais besoin qu'on pense à moi, qu'on m'accorde de l'attention mais en vain : ma mère devait gérer les crises de mon frère. Je me suis donc enfermé dans une bulle, une bulle hermétique. Je m'en suis souvenu la semaine dernière avec l'aide de ma psy. Tous les jours, au moment de la douche, c'était l'endroit où je me sentais en sécurité car personne ne venait, je m'inventais une vie. Je m'imaginais dans un monde féérique, un monde utopique, sans problème, où je n'entendais ni les cris de ma mère ni ceux de mon frère. Je n'entendais pas les objets se casser, je n'entendais pas les jurons... Bref, passons. La seule chose que j'entendais, c'était l'eau couler du pommeau de douche. Et aujourd'hui encore, l'un des endroits où je me sens le mieux, c'est sous la douche. C'est resté gravé en moi sans que j'en aie conscience.

Cette séance de psy a été assez violente, j'en avais les larmes aux yeux quand je me suis rendu compte du monde que je m'étais créé. La psy m'a dit que c'était une sorte de protection, une barrière contre les agressions environnantes. J'étais dans ma bulle. Au lieu de vivre l'instant présent, je me suis créé un monde pour survivre à ces attaques psychologiques. Et, encore aujourd'hui, ce monde n'a pas totalement disparu. Je ne suis jamais dans l'instant présent. Pour survivre au monde qui m'entoure, soit je ressasse le passé, soit j'essaie de prévoir le futur. Je cherche constamment à tout anticiper pour me sentir en sécurité. Ce que je ne contrôle pas est pour moi une horreur. Si mon frère lit ceci, je ne lui en veux pas, c'est ainsi, on a chacun un passé, un vécu et un mal-être intérieur. J'espère qu'aujourd'hui il est heureux.

Les médicaments comme solution

Mes parents s'inquiétaient chacun de leur côté. Et l'attention revenait donc sur moi. Je finissais par prendre un cachet par jour, parfois deux. **Et ça a duré plusieurs années.**

Le type, il a été jusqu'à se créer des migraines pour avoir de l'attention... Imagine jusqu'où je vais avec les mecs dans ma vie. Coquinou, je simule limite une noyade dans l'océan pour voir un maître-nageur !

Après un IRM, un scanner, un bilan neurologique... le constat a été sans appel : « Votre fils n'a rien [pas de tumeur ou autres], il a juste des migraines nerveuses. » Comme si c'était une réponse. « Ce n'est rien. Juste des migraines. » Non, ce n'était pas rien mais le corps médical n'a pas de solution quand il ne s'agit pas d'une maladie qui se soigne avec le bistouri.

Ces migraines n'étaient pas graves car elles ne cachaient pas de maladie physique mais, à force de prendre un cachet par jour, je me bousillais la santé. Là encore, avec le recul, j'ai conscience que c'était d'ordre psychologique. Chaque jour, j'avais pris l'habitude de prendre un cachet, je sentais limite la migraine avant même qu'elle ne soit là. C'est comme si je la prévoyais. J'ai fini par avoir peur d'avoir une migraine parce que je savais qu'elle serait violente et que je serais cloué au lit avec la nausée. Et je suis rentré dans un cercle vicieux où **je prenais systématiquement un cachet** dès que je sentais une minuscule douleur à la tête.

MDR Je suis devenu le Amy Winehouse des calmants.

Mes crises d'angoisse, c'est la même chose, tu verras : j'ai fini par en avoir peur. Pas peur de faire une crise d'angoisse mais peur qu'elle arrive. Certains ont peur de vomir, moi c'était la peur de faire des crises d'angoisse. Bon, là, c'étaient des migraines, mais c'est le même schéma.

Il est important de se chérir et de faire attention à son soi intérieur.

J'ai passé 28 ans de ma vie à ne pas m'écouter et à me créer des maladies psychologiques qui m'ont bousillé et empêché de vivre. Les vomissements, le pipi au lit, les migraines...

Au lieu de m'écouter et d'essayer de me comprendre et de m'aimer, j'ai passé mon temps à tenter de vaincre les symptômes. Les cachets pour les migraines, l'isolement pour les crises d'angoisse. J'ai gâché – et je mesure mes mots – tellement de bons moments que j'aurais pu partager avec ma famille, mes amis. Pour moi, il fallait supprimer ces effets plutôt que se confronter à la racine du problème.

Avant de réussir un problème de maths, il faut d'abord comprendre les bases. 'Fin bon, c'est pas un super exemple, **je suis une quiche lorraine en maths.**

J'arrivais toujours à faire le
premier exercice de la leçon,
puis après ça partait en vrille
complet. On te disait x + y dans
l'exercice de départ, dans le
second exercice ça finissait en
xyyqszfjsqgeqrg= fzetr racine
carré de w. Laisse tomber,
c'est trop pour moi !

Tu te demandes (ou pas MDRRR) si les migraines ont disparu depuis ? Oui, alors je suis quand même migraineux de base, donc il m'arrive d'en faire mais je n'en ai plus chaque jour. Pourquoi ? La solution n'est pas la meilleure, malheureusement. J'ai tout fait pour les vaincre, ça a marché. Avec un mental d'acier, ça a marché. J'ai commencé à essayer de moins y penser, de me dire que c'était seulement psychologique. Une migraine de temps en temps, ça arrive mais tous les jours, c'est un mal psychologique. En prenant conscience que ça venait de moi et non d'une maladie, je me suis fait violence. Mais je ne suis pas allé plus loin dans mon raisonnement. J'étais jeune et je ne pensais pas que c'était plus profond que ça. Le problème s'est déplacé… et les crises d'angoisse sont arrivées. Je te l'ai déjà dit : en ne réglant pas la base de ces mauvais fondements, on ne fait que déplacer le problème. Il est nécessaire de comprendre d'où ça vient.

Retour vers le passé : l'EMDR

Ma psy actuelle m'a fait faire un exercice : l'EMDR. Un retour dans le passé pour revenir sur un événement qui m'aurait traumatisé pendant mon enfance, lors de la séparation de mes parents. Une altercation un peu trop violente entre eux (pas de violences physiques, loin de là) mais je ne reviendrai pas sur cet événement, il ne me concerne pas uniquement.

Au cours de la séance d'EMDR, je me suis souvenu d'un détail clef que j'estime important. Détail que j'avais oublié jusqu'à mes 27 ans. Mon père s'était excusé. Je revois dorénavant la scène comme si c'était hier. C'est très étrange. Je suis au téléphone avec lui, dans l'ancienne maison où on habitait avec ma mère, et il s'excuse. Et je ne me souvenais pas de ça ! Je l'avais involontairement oublié. Ou peut-être que je l'avais effacé car j'en voulais à mon père.

Je peux vous dire que cette séance d'EMDR a été plus que bénéfique car j'ai OUVERT les yeux !

Il est normal que ma mère en veuille à mon père, il est normal que mon père en veuille à ma mère. Mais moi, à 7 ans, je n'aurais pas dû me retrouver entre les deux. En vivant avec ma mère, j'ai pris son parti, même si elle ne l'avait pas souhaité consciemment. Elle n'a jamais eu des propos méchants envers mon père quand elle me parlait **mais j'en entendais** quand elle parlait à d'autres personnes. Elle ne s'en rendait pas compte.

On copie parfois ce que font les adultes... On croit aussi, ce qu'ils disent mais, en vrai, ils n'ont pas toujours raison, les fossiles !

Ma psy t'explique

La thérapie EMDR

L'**EMDR** (*Eye Movement Desensitization and Reprocessing*) est à la fois une méthode et une psychothérapie développée à partir de 1987 par Francine Shapiro.

Elle utilise une stimulation sensorielle bilatérale alternée (droite/gauche) qui se pratique soit par les mouvements oculaires, soit par des stimuli auditifs ou tactiles (mains, genoux, etc.). La thérapie EMDR s'adresse donc à toute personne (du bébé à l'adulte) souffrant de perturbations émotionnelles liées, le plus souvent, à des traumatismes psychologiques mais aussi à des événements de vie difficiles.

Comment se passe la thérapie ?

Étape 1 :

→ **Identifiez la problématique actuelle.**

Soudainement, je peux être envahie par une grande tristesse liée à ma séparation d'il y a 4 ans avec mon ex.

→ **Faites la liste, par ordre chronologique, des souvenirs passés traumatiques qui ont « entraîné » ces difficultés.**

Souvenir 1 : Il y a 5 ans, lors d'un séjour en amoureux, en Espagne, il me dit que ça fait un an qu'il ne ressent plus rien pour moi lors des relations intimes.
Souvenir 2 : Il y a 4 ans, une semaine avant la séparation, lors du mariage de ma meilleure amie, j'attrape le bouquet de la mariée et il me dit qu'il ne voudra jamais se marier avec moi car il ne m'aime plus.
Souvenir 3 : ...

→ **Repérez les déclencheurs du présent, c'est-à-dire ce qui, dans le présent, va « déclencher » la problématique actuelle.**

À chaque fois que je vois ma meilleure amie avec son amoureux, je ressens une profonde tristesse et je repense à ma séparation.

→ **Pensez au futur, à comment vous aimeriez réagir dans le futur à la place des réactions actuelles non adaptatives.**

La prochaine fois que je vois ma meilleure amie avec son amoureux, j'aimerais ressentir du plaisir à être avec eux.

Étape 2 :

Apprenez à réguler vos émotions grâce à des techniques proposées par votre thérapeute, comme le lieu sûr. Ces techniques peuvent être utiles au quotidien pour autoréguler une émotion envahissante, se recentrer sur le moment présent.

Étape 3 :

→ **Retraitez les souvenirs perturbants via la méthode EMDR.**

Votre thérapeute vous demandera de vous concentrer sur le souvenir traumatique (par exemple, le souvenir 1) ainsi que sur ses aspects sensoriels (image, sensation physique, etc.), les pensées et ressentis actuels négatifs qui y sont associés. Des séries de stimulations bilatérales alternées seront réalisées par votre thérapeute. Entre chaque série,

Le spécialiste vous demandera ce qui vous vient à l'esprit (en terme de pensées, de sensations, d'images, etc.).

→ **Plusieurs consultations peuvent être nécessaires pour traiter un seul souvenir.**

→ **Un souvenir est considéré comme traité quand il ne génère plus de perturbations,** c'est-à-dire quand il a perdu de sa vivacité et qu'il est associé à une pensée positive.

Conseil :

À ce jour, le titre de praticien EMDR n'est pas protégé. En France, les thérapeutes formés sont répertoriés sur le site EMDR France pour les thérapeutes accrédités ou sur le site des organismes de formation agréés par EMDR France pour les thérapeutes en cours d'accréditation (EDEPHE, EFPE, institut français d'EMDR, diplôme universitaire du centre Pierre Janet).

L'adolescence

Le collège, havre de paix… ou pas

On en arrive donc à l'adolescence. AHHHH, l'adolescence… Amen !

L'adolescence, ce moment de vie si épanouissant, le bonheur à l'état pur. Bien entendu, c'est ironique. Notre corps change, grandit, et les gens sont cons comme des **manches à balai !** Si tu es collégien, je préfère te le dire : c'est une sale période mais elle se termine vite. Juste un passage pas très rigolo. Bon, après, je veux pas être défaitiste mais même à l'âge adulte, certains n'ont pas évolué, malheureusement. **Le corps a vieilli mais leur cerveau est resté bloqué entre le cours d'arts plastiques et celui de musique.**

Je mangeais bien à la cantine

Je garde globalement un mauvais souvenir du collège, même si j'ai fait de belles rencontres. (Bon, en vrai, je n'ai gardé aucun lien avec les gens de mon collège à ce jour, hein.)

Au collège, certains mettaient leurs poils pubiens dans les carafes. Pas toi ?

Bon, je préfère te le dire, j'y crois peu. Y a toujours de sacrées taches d'huile, j'en suis sûr.

On n'est pas assez préparé pour le collège. Faut avoir le cœur et les reins solides pour passer cette étape. Surtout si on est « différent », si on ne rentre pas dans le moule. Si je ne dis pas de bêtise, j'étais au collège entre 2005 et 2009, **peut-être que de nos jours tout cela a changé et que le collège est un lieu où règne bienveillance et gentillesse.** Ça n'a pas dû changer tant que ça. Il doit y avoir les populaires, les discrets, les martyrisés, etc. Petit moment de vérité : les populaires qui prennent des airs supérieurs et qui te martyrisent peut-être ne feront rien de leur vie après. Ils ont eu leur moment de gloire au collège ou au lycée mais ça a disparu aussi vite que leur hymen. **Tu brilleras bien plus tard par ton intelligence.**

La bise à Denise.

Alors oui, le collège ça ne pardonne pas. Il y a deux écoles. Soit tu t'endurcis, soit tu t'affaiblis. Moi, ça a été la seconde option. Perte de confiance en moi, perte d'estime de moi. Je suis devenu l'objet de critiques car je n'étais « pas normal ». Rien que l'expression est péjorative, elle nous fait croire qu'on a un truc qui cloche.

Pour moi, c'est une force. Une force qui nous permet de nous révéler aux autres. Qui nous permet de leur tenir tête. Mais à cette époque, le fait de me sentir différent me faisait croire que je n'étais pas normal. C'est ce que je vois avec ma psy en ce moment :« Si j'agis comme ça, je ne suis pas normal », « Si gna gna gna c'est que je ne suis pas normal ».

Sache que ne pas faire comme les autres, ne pas penser comme les autres, ne fait pas de toi quelqu'un d'anormal, juste quelqu'un qui a sa façon de penser et de faire.

Chacun a sa perception des choses.

Si on pensait tous de la même manière, on s'ennuierait.

Au collège, j'étais efféminé, ce qui me rendait différent. Pourquoi je te dis « efféminé » et pas « gay » ? Je n'avais aucune conscience de ma sexualité, je me cherchais, je ne comprenais pas ce que je ressentais, je l'enfouissais. Je sentais que j'étais attiré par les hommes mais je ne voulais pas me l'avouer ou même le dire aux autres. J'étais donc efféminé et ma sexualité n'était pas un sujet. Pourtant, les élèves de mon collège, parfois même certains adultes, se permettaient d'avoir un avis. Comme si pour eux, ma sexualité me définissait, alors que pour moi c'était accessoire. On aurait dit que je n'étais pas capable de réfléchir et de penser par moi-même, puisque les gens l'avaient déjà fait pour moi. Alors oui, évidemment, **à mon âge, j'ai conscience de ma sexualité et je sais que je suis gay.** Peut-être que je le savais inconsciemment à cette période mais c'est comme si on m'avait enlevé le droit de me construire par moi-même.

MDR À la plage, je regardais plus souvent le slip des garçons que celui des filles, coquinou.

On m'avait retiré la possibilité de ne pas me poser la question et de vivre mon adolescence. On m'a collé une étiquette.

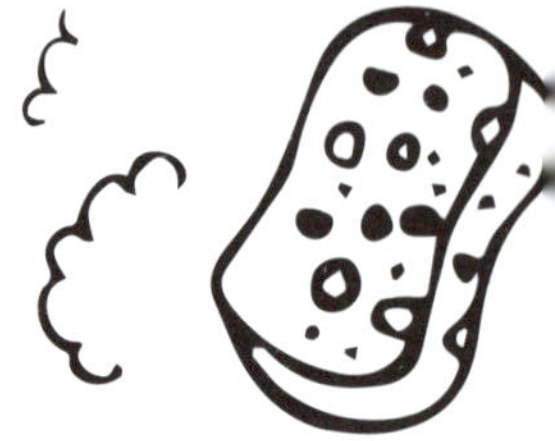

James, éponge à critiques

Je pense que les gens ont besoin de s'éduquer. Toi qui me lis, comme moi, tu as besoin de t'éduquer. On a des opinions sur tout, des réponses à tout, surtout quand ça ne nous concerne pas. On fait tous ça. Tu n'as jamais donné ton avis alors qu'on ne t'a rien demandé ? Si tu me donnes tort, c'est que tu ne te rends pas compte de tes agissements.

Je fais des efforts pour devenir quelqu'un qui s'occupe de son cul, et uniquement de son cul. Les conversations où on parle de quelqu'un d'autre m'horripilent de plus en plus, alors qu'avant elles m'animaient. C'était un plaisir de cracher mon venin sur les gens que je n'aimais pas. Un plaisir de donner mon avis sur la vie des autres.

Et puis, un beau jour, je me suis dit : « Mais James, regarde-toi, regarde ta vie, tu n'as pas mieux à faire que de juger les autres ? Regarde comment tu gères ta vie avant de donner un avis sur celle des autres. »

Des fois, on se permet de critiquer sans connaître le vécu de la personne. Quelqu'un qui crie tout le temps, on va se dire : « OH LÀ LÀ il passe son temps à crier, je ne sais pas comment fait sa famille ! » Peut-être qu'il crie pour une bonne raison mais **on juge sans savoir.**

En gros, occupe-toi de ton cul de pachyderme, gousse d'ail !

Bonjour les Lannister ! Ceux qui ne connaissent pas la réf', j'ai honte pour vous OMG

(ce sont des consanguins dans la série Game of Thrones.)

Au collège, on me critiquait tous les jours et ça m'affectait. Je n'étais pas le souffre-douleur, la personne martyrisée, mais j'entendais chaque jour des commentaires comme « T'es pédé ? », « OH LÀ LÀ, comment t'es efféminé !!! » ou des gens qui imitaient mes mimiques, etc.

MDR Quand j'y repense, **ils avaient tous des têtes de consanguins**, les pauvres. Chaque soir dans le bus scolaire, toutes les piques tournaient en boucle dans ma tête. Quand je ne recevais pas de critique, c'était jour de fête.

Je suis une éponge à critiques, c'est-à-dire que tout ce qui était négatif, porté à mon encontre, je le retenais. Ce qui a fortement contribué à ma perte d'estime et de confiance en moi. Vraiment, c'est tellement triste... Je me vois rentrer chez moi et me dire « Aujourd'hui, tu n'as fait l'objet d'aucune méchanceté » et j'étais joyeux comme si c'était une victoire. Mais elle était de courte durée... Le lendemain, la victoire n'était plus là et une nouvelle critique se faisait entendre.

L'œil de sauron, cette crise, le diable en personne !

La « première » crise

Ma première crise d'angoisse est arrivée à ce moment-là. Aussi subitement qu'un mal de tête. Le terrain était propice. Mon corps était prêt à lâcher la rampe et à me dire : « James, là, ça ne va pas. » Au collège, je perdais confiance en moi et, à la maison, ma mère vivait un amour naissant avec un homme. Tout était beau dans sa vie, elle ne voyait que par lui et il ne voyait que par elle. Je n'existais plus. Ma mère collante, qui était ma meilleure amie, m'avait lâché. Je me suis retrouvé seul, vraiment seul. L'attention que j'avais toujours reçue n'était plus là. Comme pour les migraines, je me retrouvais là encore en insécurité psychologique à cause des critiques incessantes au collège et du manque de soutien à la maison. Il me fallait donc une échappatoire. À 13 ou 14 ans, je continuais à me créer un monde imaginaire, je rêvais d'une vie qui n'était pas la mienne, d'une vie qui n'était pas réelle. C'était mon moyen de faire face à tout cela. Malgré tout, j'avais des amis avec qui je rigolais beaucoup.

Je me souviens du jour et de l'heure de ma « première » crise d'angoisse : un jeudi peu avant la reprise des cours de 13 heures, avant mon cours d'allemand, en 3e. Ça a été étrange, car je ne savais pas ce que c'était. Ce n'était pas une crise d'angoisse où tu as l'impression de ne plus respirer. J'étais juste complètement détaché de la réalité. C'est-à-dire que mon corps était là, mais pas mon cerveau. C'est très difficile à décrire. Cette sensation m'était arrivée une seule fois, quand j'avais fumé un joint pour tester. J'avais fait un bad trip. **Je n'ai plus jamais fumé.** À partir de ce jour-là, j'ai commencé à avoir quelques effets de bad trip même sans fumer. Et c'est ce qui m'est arrivé ce jour-là avant le cours d'allemand. Ça a duré deux heures, le temps du cours d'allemand et du suivant, celui de musique. J'étais là, j'étais dans la pièce avec les gens, mais j'avais l'impression de ne pas y être. Comme si je voyais les gens, la situation qui se déroulait sous mes yeux dans une télévision. Quand je parlais, je n'avais pas l'impression de parler. Comme si mon corps réagissait tout seul.

Sur Internet, j'ai trouvé comme semblant de définition des symptômes que j'ai ressentis : « Dans les symptômes psychologiques, on retrouve une impression d'être déconnecté de la réalité, d'être en train de mourir. » Je n'avais pas l'impression de mourir, mais j'étais complètement déconnecté de la réalité. Je pense avoir compris pourquoi je me détache de la réalité pendant mes crises d'angoisse, pourquoi je m'imagine en dehors de la scène, en dehors de la réalité. Je me suis tellement créé un monde irréel dans ma tête que mes crises reproduisaient ce schéma-là. Les crises d'angoisse nous plongent dans un sentiment de peur, elles nous détachent de la réalité, on n'est plus du tout rationnel, on a peur de mourir ou de tomber dans les pommes, de ne plus respirer. Ce qui est totalement faux et irréel. On en arrive au même point : je m'inventais un monde irréel, les crises m'entraînaient dans une peur irrationnelle.

On ne peut pas dire que ce souvenir marque les débuts de mes crises d'angoisse car ça ne m'est arrivé qu'une seule fois en 3e. Ce n'est pas revenu et, aussi étrange que ça puisse paraître, je ne me suis pas alarmé. En revanche, les véritables crises et le cercle vicieux qu'elles ont engendré ont commencé au lycée.

Ma psy t'explique

La crise d'angoisse aiguë ou l'attaque de panique

→ **L'angoisse est une émotion « normale »** qui résulte d'un processus adaptatif, tout comme la joie, la colère, la tristesse, etc.

→ Comme toutes les émotions, **elle a une fonction.** Mais à quoi nous sert l'angoisse ? Elle nous permet d'être plus attentif et plus apte à réagir à ce qui nous entoure, à notre environnement. Si un ours entre dans votre chambre, vous avez toutes les raisons du monde de ressentir de l'angoisse. Cela vous permettra de mettre en place la stratégie la plus efficace pour avoir une chance de survivre (fuir, faire le mort...).

→ Il serait vain de vouloir la faire disparaître car nous en avons besoin. Si votre niveau d'angoisse est de 0/10 à chaque minute de votre vie, il risque de vous arriver bien des problèmes. Parfois, l'angoisse devient envahissante et n'aide plus à s'adapter. Comme pour la plupart des émotions, **elle peut devenir « pathologique ».**

→ L'état qu'elle génère peut même devenir impossible à contrôler. Dans ce cas, nous allons parler de crise d'angoisse aiguë ou d'attaque de panique. **C'est une phase soudaine et intense d'anxiété ou de peur bien délimitée dans le temps** (de quelques minutes à une heure, voire plus). Elle est accompagnée de symptômes somatiques comme une gêne thoracique, une sensation de vertige, d'instabilité ou d'évanouissement, une impression d'étouffement, des bouffées de chaleur ou des frissons, des nausées ou des douleurs abdominales, une sensation de picotement, des palpitations, etc. Elle peut être accompagnée de symptômes cognitifs comme la peur de mourir, de devenir fou, de perdre le contrôle de soi-même, un sentiment d'irréalité, d'étrangeté, voire de détachement vis-à-vis de soi-même.

→ Le trouble panique est la survenue d'attaques de panique répétées, généralement accompagnées d'une peur, d'une anxiété anticipatoire d'avoir une attaque de panique, d'une modification du comportement comme, bien souvent, la mise en place de stratégies d'évitement visant à éviter les situations prédisposant aux attaques de panique.

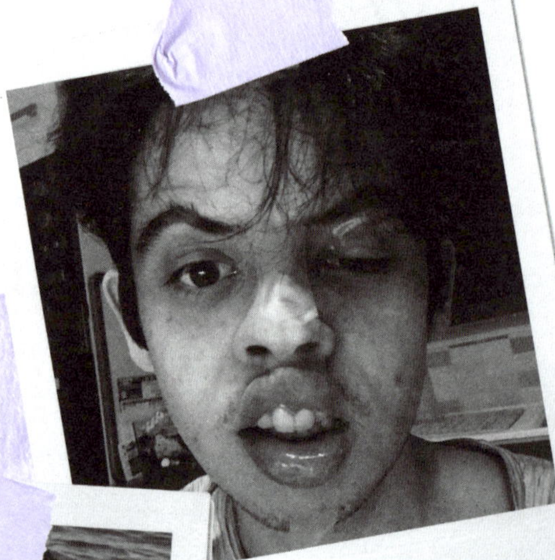

Souris à la vie,
elle te le rendra

Ou pas.

La naissance des crises d'angoisse

On entre dans le vif du sujet !
Si tu fais des crises d'angoisse récurrentes, peut-être que tu te retrouveras dans mon histoire, même si on réagit tous différemment face à une crise d'angoisse. Moi, par exemple, j'ai le cœur qui palpite, ma respiration s'accélère et j'ai des bouffées de chaleur insoutenables. **J'ai eu peur des crises d'angoisse mais ce sentiment a été remplacé par la peur que les gens me voient pendant une crise.**

Je crois qu'on dit que c'est le serpent qui se mord la queue. En gros, ça fait une boucle. Ça y est, je commence à comprendre les expressions françaises ! Alléluia, on s'améliore, les cloportes !

De l'adolescence à l'âge adulte

Cette matière, c'est comme un joint, tu planes pendant 1 heure, parfois 2 heures. N'empêche, je me dis que ma prof de philosophie planait toute la journée, elle.

Un parcours difficile

J'arrive au lycée. Élève moyen, j'ai réussi tant bien que mal à aller en seconde générale. Faut dire que je ramenais des notes plus proches de 0 que de 20, MISKINE. Mes parents se demandaient comment c'était possible d'avoir de telles notes catastrophiques. J'excuserai mes notes en disant que j'avais plus la fibre artistique que la logique mathématique. Bien que je sois quelqu'un de ravagé, je pense que je ne l'étais pas assez pour comprendre **la philosophie**. Je passais péniblement à l'année suivante. C'était simple : le premier trimestre, je bossais car c'était le début de l'année scolaire, le deuxième trimestre je ne foutais rien. Et là arrivait le moment où les profs indiquaient à mes parents que si je ne faisais pas d'effort pour le 3e trimestre, je finirais par redoubler. Du coup, au 3e trimestre, je bossais un peu plus et les profs n'avaient pas d'autre choix que de me faire passer. Mais bon, je n'ai jamais aimé l'école. Et même avec le recul, je n'en trouve toujours pas l'utilité. Du moins, lorsque j'y étais, je n'en ai vu aucune. On ne t'apprend rien sur la vie, sur comment grandir, comment devenir adulte et responsable. On t'apprend des racines carrées, à déchiffrer une peinture en français, à disséquer **une grenouille**, à faire de la flûte...

En plus, elle n'a rien demandé la pauvre grenouille. T'aimerais qu'on fasse ça à ta sœur ? Je suis sûr qu'y en a qui vont répondre oui...

'Fin tout ce que je viens de mentionner ne m'a jamais servi ces dix dernières années. On nous oblige à apprendre. On n'a même pas le choix. J'aurais aimé apprendre des choses sur la psychologie, par exemple, pour qu'on puisse se comprendre. Comprendre nos émotions, comprendre pourquoi nos corps changent. Nous aider à devenir grand, à s'aimer, à se sentir confiant et à avoir de l'estime pour soi-même. À accepter la différence des autres, à comprendre que l'image qu'on se fait du monde n'est pas une vérité absolue ! Mais, au final, on apprend les mêmes choses à tout le monde : à penser pareil. Chacun est noté sur un devoir et notre intelligence sera évaluée par une simple note allant de 0 à 20. On est en compétition dès le primaire. C'est triste.

Bref, petit aparté pour dire que déjà rien que ce système-là nous pousse à être angoissés, stressés, et tout ça pour rien.
Le néant.

La première vraie crise

J'ai fait ma première vraie crise d'angoisse dans ce contexte-là. Pourquoi je la considère comme ma première vraie crise ? Parce que celle du collège, je ne l'ai pas gardée dans un coin de ma tête, je ne m'en suis pas soucié. Mais celle dont je vais parler, je me rappelle du jour, de l'heure et de tous les détails précis.

C'était un jeudi, lors de mon cours de maths, à 9 heures. J'ai entendu un élève parler à la prof et d'un coup, subitement, sa voix m'a paru beaucoup plus forte. À ce moment-là, je me suis dissocié de la réalité. Comme au collège, j'étais là physiquement mais pas psychiquement. J'ai commencé à avoir le cœur qui palpite, à avoir du mal à respirer, comme une impression de fuite impossible.

Je me revois dire à ma voisine de table de demander à la prof si je pouvais sortir de la salle. J'étais incapable de le faire moi-même. Ma camarade a parlé à la prof et j'ai fini par sortir. Une fois dehors, ça allait un peu mieux, mais je ne comprenais pas pourquoi j'étais dans un état second. C'est difficile à décrire, je savais que j'étais là, je pouvais parler mais j'avais l'impression de ne pas être présent. Le CPE a appelé ma mère et elle est venue me chercher. Sur le chemin du retour, dans la voiture, je lui ai expliqué ce qui s'était passé. Et elle m'a dit, qu'à quelque chose près, ça lui était arrivé pendant des années, de la spasmophilie soi-disant.

Après ça, je n'ai plus osé en parler.

Cette crise restait gravée dans mon esprit. Je me demandais sans cesse : « Mais qu'est-ce qu'il s'est passé en maths ce matin ? Est-ce que ça va revenir ? » J'ai commencé à chercher sur Internet ce qu'était une crise de spasmophilie. À force de chercher, je suis tombé sur la notion de crise d'angoisse. Et là, j'ai pu mettre des mots sur ce qui m'était arrivé. J'avais donc fait une crise de panique, autrement dit une crise d'angoisse. C'est là que j'ai fait une terrible erreur que je t'invite à ne pas faire. C'est bien de s'informer mais **NE VA JAMAIS SUR DES FORUMS. Quelle erreur ! Mais QUELLE ERREUR !!!** J'ai commencé à lire les histoires des gens et à m'inventer des maladies imaginaires... On est tous amenés à être un jour plus fatigués que d'habitude et donc être plus enclins à faire une crise d'angoisse. Mais ce n'est pas grave. Je vais te raconter mon expérience, même si d'une personne à l'autre les choses diffèrent. À l'époque, j'aurais voulu trouver des informations sur les crises d'angoisse, être rassuré... Ce livre est une thérapie qui me permet de parler, d'évacuer ces années où j'ai été bouffé par les crises d'angoisse mais il doit aussi te faire comprendre qu'on n'en meurt pas.

**Et surtout que tu n'es pas seul,
que ce n'est rien de grave,
et que, MOI, je te comprends.**

Mon exemple doit te montrer non pas qu'on n'en guérit pas mais qu'au final tout se passe dans ta propre tête. Tu es, malheureusement, ton propre ennemi. Mais tu peux aussi devenir ton allié !

Et allez, encore un connard ! Je les collectionne, j'en ai plus que des cartes Pokémon !

Petite parenthèse

J'ai encore délaissé ce livre. La dernière fois que j'ai écrit nous étions le 22 avril, aujourd'hui nous sommes le 19 mai. Pourquoi l'avoir délaissé ? Encore **un énième garçon** que j'ai laissé entrer dans ma vie. Obnubilé plus par lui que par ma vie, me voilà encore à subir le sentiment d'abandon. C'est drôle, c'est vraiment dans la continuité de ce que j'ai pu écrire au début de ce livre, ce sentiment de ne pas être aimé, de ne pas exister, d'être abandonné… Les mecs de ma vie ont constamment nourri ces peurs-là. Je suis toujours tombé sur des perdus de la vie. Comme dirait ma psy, j'ai peur que tout aille bien, j'ai peur du bonheur. Je finis par la croire, la **gourgandine**. Si je dois choisir entre un gars bien, stable, et un mec perdu, je vais bien entendu foncer sur le second choix. Le dernier en date, je me suis quand même fait larguer virtuellement à 5 jours de notre rencontre. Oui ! Je ne suis tellement pas respecté que je me fais larguer sans même avoir vu la personne. Satané confinement… On ne pouvait pas se voir avant, donc on a entretenu une petite histoire virtuelle. Encore deux mois gâchés, MISKINE. Je parlerai des hommes en détail dans le tome 2 car j'ai la ferme intention de faire un livre dédié aux hommes de mon existence. Histoire de les remercier de m'avoir complètement fait perdre confiance en moi. La bise à Denise, t'as été une parenthèse de ma vie si courte que les souvenirs s'effacent aussi vite qu'une trace de pneu dans mes **cabinets**.

'Fin je dis pas tout MDRRR Elle a aussi dit que si je vais vers ce genre de personne, c'est parce que je ne sais pas ce que je veux, mais chut ! Elle a tort… ou pas…

P.-S. : On est le 18 juin. Je relis ça un mois plus tard, je ne t'en veux plus. La bise à Denise !

Et toi, ta première crise d'angoisse ?

Enfin, bref, ce chapitre est désormais terminé, mais peut-être que, toi qui lis ce livre, tu as encore des choses à dire. Si tu as envie de raconter ta première crise d'angoisse, de mettre des mots sur ce que tu as traversé, tu peux. Cet espace est pour toi.

Jeune adulte

À toi qui n'as jamais vécu de crise

Si j'évoque l'ensemble des détails qui vont suivre, ce n'est pas pour me plaindre mais pour faire comprendre à ceux qui n'ont jamais fait de crise ce qu'on peut ressentir dans ces moments-là. Je sais à quel point il est difficile de comprendre ce que traverse une personne angoissée quand on ne l'est pas.

COMPRENDRE ET NON JUGER

Ce qui est drôle ('fin pas vraiment, gourgandine) c'est qu'on se souvient toujours du jour, de l'heure et de l'ensemble des détails de la première crise d'angoisse. Ça montre bien le traumatisme que subit la personne. Notre cerveau a la faculté de nous faire oublier des petits détails de nos vies. Mais ça, on ne l'oublie pas, ça reste dans un coin de notre tête. J'explique ça pour que tu comprennes que non, ce n'est pas rien, ce n'est pas un simple mal de ventre : c'est un véritable traumatisme qu'on subit de plein fouet.

J'en parlais justement lors d'un rendez-vous professionnel autour de ce livre.

Ssssssssss

Les gens qui ne subissent pas
de crises d'angoisse
ne parviennent généralement pas
à comprendre ce que traverse
la personne angoissée.

Ils te diront :
« Ce n'est rien,
on n'en meurt pas »,

« Arrête, ça va,
tu ne vas pas mourir »,

« Oh là là... vraiment,
t'exagères ».

Ces personnes sont rationnelles. Non on n'en meurt pas, c'est vrai. On a conscience à l'instant T qu'on ne va pas mourir, qu'une crise d'angoisse, ce n'est pas un truc horrible. Mais le moment où la crise arrive, on n'est plus rationnel, on a une réaction démesurée, on surréagit, on n'est plus dans la réalité des choses, on a envie de fuir la situation car on se sent attaqué. C'est ça que tu dois comprendre, toi qui n'en as jamais fait l'expérience. Bien entendu, avec le recul, on a conscience qu'une crise d'angoisse ce n'est rien, mais sur le moment on n'en est pas capable.

J'en reparlerai un peu plus loin, mais le plus important dans ces moments, c'est d'être bien entouré. Une personne angoissée ne demande pas qu'on la comprenne, mais simplement qu'on ne la juge pas. Qu'on ne minimise pas ce qu'elle subit. Minimiser, juger, cela fait seulement culpabiliser la personne angoissée qui va nécessairement se rabaisser. Le mieux est soit d'essayer de comprendre sans juger, soit d'accepter et de la laisser avancer à son rythme. Rien ne sert de l'obliger à faire quelque chose ou de tenter de la rassurer. Essayer de la rassurer et lui dire que tout va bien se passer, c'est le meilleur moyen de lui mettre de la pression. Si elle peut le faire, elle le fera, si elle ne peut pas, elle ne le fera pas. Rien ne sert de la pousser. Accepter et ne pas juger, tout simplement.

L'angoisse, mon quotidien

S'installe alors un cercle vicieux. Je ne veux pas te faire peur, simplement te prévenir, te montrer jusqu'où peuvent aller les crises d'angoisse. N'attends pas d'arriver au point de non-retour pour essayer de te soigner. Je sais que c'est dur, très dur, de sortir la tête de l'eau quand les crises d'angoisse deviennent le quotidien. Je me suis longtemps dit : « Ça ira mieux », « Ça passera ». Comme si tout allait s'arranger par la magie du Saint-Esprit. Et sans m'en rendre compte, les années sont passées et les crises d'angoisse ont pris encore plus de place dans ma vie. Jusqu'à ce qu'elles finissent par me voler ma vie. Je ne suis plus maître de mes faits et gestes. Tout est dicté par les angoisses. Elles dirigent, je subis.

Je t'ai dit qu'il n'y a pas de recette miracle pour faire disparaître les crises d'angoisse. Et c'est logique : les crises d'angoisse font partie de moi, de toi. Elles ne sont que le reflet de nos malaises intérieurs. C'est comme si tu voulais enlever une partie de toi. Il est préférable d'apprendre à vivre avec. C'est comme ça qu'elles apparaîtront le moins souvent et que tu arriveras à reprendre le contrôle de ta vie. Il faut trouver un juste milieu entre espérer qu'elles disparaissent d'un claquement de doigts et tout faire pour qu'elles s'en aillent. J'ai été dans ces extrêmes et cela n'a pas marché. Je vais mieux maintenant, mais le chemin est long.

J'avais le profil type pour qu'elles prennent le plus de place possible dans ma vie. Lorsque j'ai commencé mes études de droit, j'ai recommencé à faire des crises d'angoisse comme au lycée. J'ai fait une crise par-

Mollet musclé

ticulièrement violente dans un tram en rentrant de soirée. Je suppose que c'était dû à la fatigue. Là où j'aurais pu simplement me dire « James, tu étais juste fatigué », je me suis inquiété : « EUH, imagine ça arrive souvent ce genre de crise ? » J'ai donc commencé à prendre de moins en moins le tram, puis à l'utiliser uniquement sur une courte durée (2 ou 3 arrêts de tram max). Ensuite, je me suis mis à attendre que quelques trams passent devant moi pour choisir le plus vide. 10 minutes à attendre un tram qui me convienne. Puis 15 minutes, 20 minutes, et j'ai finalement décidé de marcher jusqu'à trouver un arrêt avant le mien où il y a moins de monde. Et tu comprends facilement comment ça a fini. Aujourd'hui, je ne prends plus le tram. **J'ai déjà marché jusqu'à 1 heure dans Bordeaux pour aller d'un point A à un point B, tout ça pour éviter de prendre les transports.**

Le point positif, c'est que j'ai des mollets en béton maintenant. C'est bien le seul truc un peu musclé que j'ai HAHAHA !

Ma peur de l'angoisse...

On arrive au moment où j'ai commencé à avoir peur de faire une crise d'angoisse. Mon cerveau agissait par prévention. Je ne prenais plus le tram parce que j'avais peur d'en faire une et que les gens me voient. Pas par peur de faire une crise et de tomber dans le tram, mais par peur du regard des gens. J'ai donc commencé à avoir peur du regard des autres.

À vrai dire, je pense que j'avais déjà peur du regard des autres depuis le collège, où j'avais été l'objet de critiques quotidiennes parce qu'on m'avait collé une étiquette avant même que je me pose des questions sur mon orientation sexuelle. J'avais peur de faire une crise d'angoisse devant eux. Ces regards sombres posés sur moi à l'adolescence continuent à me hanter. Du moins dans mes pensées. Aujourd'hui, je ne reçois plus de critiques continuelles sur ce que je suis, sur ce qui me définit. On a grandi et je suis bien entouré, mais les séquelles sont toujours là et j'en subis les conséquences tous les jours. On a tous eu des moments marquants au collège, au lycée, ou même plus jeunes lors de notre enfance qui font de nous ce qu'on est aujourd'hui. Les commentaires, les jugements, vont peut-être t'impacter. Les mots blessent, les mots peuvent détruire. Dès le plus jeune âge, il faut éduquer l'enfant à la différence, à aimer les autres, et à s'occuper de son SIF.

Cascades de Didier, vous nous manquez.

c'est vraiment le nom de la cascade.

Peut-être que j'aurais tout de même fait des crises d'angoisse si je n'avais pas subi ce regard constant des autres au collège. J'ai la certitude que j'aurais réussi à les gérer car le regard des gens ne m'aurait pas importé.

L'avis des gens n'a d'importance
que si tu le décides.
Ton avis est plus important car
il n'y a que toi qui es maître de ta vie.
La personne la plus à même
de faire des choix dans ta vie,
c'est toi-même.
On vit pour soi et non pour les autres.
Peu importe ce qu'ils pensent de toi,
la seule chose dont tu dois te soucier,
c'est ce dont TOI tu as envie.

Après l'épisode des crises dans le tram, je n'ai pas tout de suite compris que l'angoisse gagnait du terrain dans ma vie comme ça se faisait petit à petit. J'ai commencé à avoir peur de faire une crise au bar. Du coup, je n'allais plus au bar. Et puis j'ai eu peur d'en faire dans les restaurant donc je n'y suis plus retourné. Ensuite, j'ai eu peur d'en faire dans les magasins bondés où on peut faire la queue pendant trois heures, alors j'ai arrêté de faire les magasins. Et ainsi de suite, jusqu'à m'isoler complètement chez moi.

… l'angoisse qui me contrôle

De nos jours, on peut tout faire par **Internet**.

On peut commander de la nourriture, des fringues, etc. C'est cool, mais ça ne m'a pas aidé puisque tout cela me permettait de **vivre exclu des autres**. J'étais enfermé dans ma bulle, je n'avais plus besoin de me confronter à ces situations, il y avait des substituts. J'en suis même arrivé à décider quand je devais aller faire mes courses. Par exemple, j'y vais tôt le matin car je sais qu'il n'y a pas trop de monde, que je n'attendrai pas 20 minutes à la caisse, et que je n'aurai donc pas le temps de me poser 10 000 questions et d'avoir peur qu'une crise se manifeste.

Bon, après je suis aussi un gros pachyderme. Je sors l'excuse des crises d'angoisse mais ça arrange ma flemmardise de tout faire par Internet.

C'est difficile à décrire, mais c'est comme si mon cerveau réfléchissait constamment avec un calque devant lui. Tout ce que je prévois, tout ce que je fais, est réfléchi en fonction de la possibilité de faire une crise d'angoisse. Tout mon monde tourne autour des

crises. Quand j'en parle, on me dit : « Mais comment tu fais ? » Ça fait plus de 10 ans que je vis comme ça. C'est devenu mon quotidien et, pour moi, il est parfaitement normal. Et c'est ça le pire ! Je me suis habitué à vivre comme ça donc pour moi c'est normal de réfléchir en fonction de mes crises d'angoisse.

Quand je suis parti en Guadeloupe, je me suis préparé pendant des semaines. Comment partir ? Comment éviter une crise d'angoisse ? Choisir un hôtel au pied de l'aéroport pour éviter que ça m'arrive sur le trajet. Comment aller à Paris ? En bus, ça va, on n'est que deux par siège, je serai avec mon amie. À l'hôtel, est-ce qu'il y a un service de livraison pour éviter d'être collé aux autres dans la salle à manger ? Bien visualiser l'aéroport et ses portes de sortie au cas où je ferais une crise. Y aller à l'avance pour l'enregistrement des bagages pour éviter de faire la queue. Enregistrer les billets directement en ligne pour éviter la queue : **HOP**, une possibilité de crise d'angoisse en moins. Dans l'avion, se mettre côté hublot, comme ça si je fais une crise, personne ne me verra. Je suis dans la salle d'embarquement, j'ai envie de faire pipi, je n'ose pas... Si je me lève et que je fais une crise, les gens vont le voir. Et ainsi de suite. Mon cerveau est constamment en éveil. Même quand je dors, il ne se repose pas, les questions sont constantes. En lisant ça, tu dois te dire : « Mon dieu » Moi, je l'écris et je ne vois pas où est le problème. C'est ma vie. Depuis 10 ans.

Je fais carrément un blocage à l'idée d'aller mieux.

J'en arrive à un point où j'ai peur d'aller mieux. J'ai peur d'aller de l'avant. J'ai passé quasiment la moitié de ma vie avec des angoisses.

Comme dit ma psy : « Vous vivez depuis si longtemps avec vos angoisses qu'une vie normale vous paraît impossible. » J'ai peur de vivre sans. C'est comme une carapace que j'ai depuis si longtemps. Pour moi, aller au bar avec mes amis, au restaurant avec ma famille, ça relève du rêve à cause de mes crises. Mais c'est en même temps impensable, car ce n'est pas ma vie.

Ma vie de confiné

Le premier confinement a été une aubaine pour moi. Ce que tout le monde redoutait, moi je l'ai accueilli à bras ouverts. La délivrance ! On m'empêchait de faire ce que je ne voulais déjà pas faire. Bingo ! La gousse d'ail que je suis y a tout gagné !

Le côté positif : on ne pouvait plus rien faire donc je n'avais plus aucun effort à fournir, plus aucune crise d'angoisse. J'étais chez moi, enfermé, tout était fermé et je n'avais plus à prendre sur moi pour aller d'un point A à un point B. Je ne culpabilisais donc plus de ne plus aller à droite et à gauche. Et c'était la même chose partout. La distanciation sociale était devenue la norme. Je ne me retrouvais plus dans des endroits bondés, vu qu'il y avait une limite du nombre de personnes autorisé dans les lieux. Quand j'allais à La Poste, la jauge c'était deux personnes maximum donc **je ne me retrouvais pas coincé à faire la queue à l'intérieur.**

Faut dire qu'à La Poste tu tombes toujours sur des gens qui restent 20 minutes au guichet à crier parce que rien ne marche.

À des moments, j'avais les yeux en couilles d'hirondelle.

C'est horrible à dire mais j'ai vécu ma meilleure vie au premier confinement. J'étais chez moi. Et le mieux, c'est la non-culpabilité, car de toute façon on ne pouvait rien faire. Mes proches me manquaient et j'avoue qu'arrivé au mois de mai je tirais un peu la gueule, je n'en pouvais plus d'être exclu. **Deux mois enfermé dans un studio de 18 m² en subissant les pets intempestifs de Pamela, c'était *hard*.** Moi qui suis casanier, un peu ermite, sur la fin du confinement, je commençais à mal le vivre donc je n'ose pas imaginer le reste de la population. Même si je fais des crises d'angoisse, je ne suis pas pour autant solitaire à 100 %. Ma maman me manquait terriblement...

Le seul zizi respectueux que j'ai côtoyé

Le côté négatif : cette situation ne m'a pas aidé et m'a encore plus privé de vie sociale. On ne pouvait pas trop se déplacer, j'ai donc commencé à commander mes courses. Je sortais l'excuse du confinement, mais ça a malheureusement perduré. J'avais pris cette habitude, mon cerveau ne voulait plus faire un retour en arrière.

C'est drôle : 95 % des gens diront que l'année 2020 a été leur pire année, alors que pour moi ça a été la meilleure. Je n'avais quasi plus d'angoisse puisque je n'avais plus de situation anxiogène à traverser. Deux confinements,

un couvre-feu, des limites à nos libertés, une distance sociale... Tout bénef pour moi ! Mes réseaux sociaux ont décollé en 2020, notamment au premier confinement. On ne pouvait rien faire mis à part être sur nos portables. Ça a donc permis à mon Instagram, mon TikTok de décoller. Pour être totalement transparent, j'ai pu commencer à bien vivre grâce aux réseaux. À la fin de l'année 2020, je suis passé de mon studio à une maison avec un jardin, en campagne dans le calme que je rêvais de retrouver. Mademoiselle Pamela a un jardin, elle respire. À l'heure où j'écris, on est en avril, j'ai reçu tous mes meubles, la maison est enfin prête ! Même en dehors des crises d'angoisse, je ne supportais pas la ville, je préfère le chant des oiseaux plutôt que le bruit des moteurs de voiture. Peut-être parce que j'ai toujours vécu à la campagne, sauf pendant mes études de droit.

Le jour de l'obtention des clés de ma maison

À l'été 2020, j'ai ouvert mon petit cœur à un mec à qui j'ai redonné une chance en janvier 2021. Je savais que c'était une erreur, mais bon... Comme on dit, ce n'est pas une fois qu'on a les deux pieds dans la merde qu'il faut dire que ça pue. Hormis côté sentimental où j'ai attiré que des mecs qui avaient plus de frangipane que de cerveau dans le crâne, tout était au vert.

Crises d'angoisse aux multiples facettes

Ce n'est pas du tout la même histoire pour tout le monde. J'ai une amie qui a fait des crises d'angoisse et qui s'en sort très bien dans sa vie. Ce n'était qu'un passage, une crise par-ci, par-là. Elle était souvent fatiguée, avait une surcharge de travail conséquente, peu de temps pour bien dormir, et **HOP** une crise d'angoisse a pointé le bout de son nez. Elle en a refait, mais ne s'en est pas inquiétée. Elles ont disparu aussi vite qu'elles étaient arrivées. Pourquoi ? Une crise d'angoisse arrive pour une raison précise à l'instant T, un choc émotionnel, un stress conséquent, une fatigue intense... Si on ne se focalise pas dessus, elles ne reviennent pas (quand tout va bien). Si les crises sont trop présentes dans ta vie, alors il y a un problème sous-jacent, la racine de ces crises est bien plus profonde.

Si jamais tu commences à voir que les crises prennent le pas sur ta vie, écoute-toi, écoute ton corps car il a quelque chose à te dire.

Ne te laisse pas aller car les crises prendront très vite le pas sur toi. Elles réfléchiront pour toi et vivront à ta place. Je mets dans le même panier les gens qui ont peur de vomir, de tomber dans les pommes, etc. C'est la peur de la peur elle-même. Ce sont également des formes de crise d'angoisse.

En écrivant tout ça, je me rends compte que j'ai gâché une partie de ma vie. C'est triste et c'est pour cela qu'il faut en prendre conscience le plus tôt possible pour aller mieux plus vite. Pour ma part, le chemin sera long. Mais ça va déjà mieux.

En même temps, que serais-je devenu sans ces crises ? Eh oui, il faut toujours tirer du positif des situations, en tirer une leçon. Rien n'est dû au hasard. Même des moments pas très joyeux apportent des choses positives. Si je n'avais pas fait ces crises, je ne me serais certainement pas créé une image sur les réseaux sociaux. Et je n'aurais pas gagné ma vie en faisant ce qui me plaît le plus : faire rire les gens et apporter un peu de joie dans leur vie. Si je n'avais pas fait de crises, je n'aurais pas rencontré mes formidables amis. Je sais qu'ils seront toujours là pour moi car ils l'ont déjà prouvé. Grâce à ces crises, j'ai pu voir que mes amis étaient là pour moi et ça m'a permis de faire le tri. Comme dit ma psy, ces crises ne m'ont pas apporté que du négatif, elles ont fait de moi ce que je suis aujourd'hui. Elles m'ont rendu plus mature, plus à l'écoute des autres et plus compréhensif. Plus ouvert d'esprit également maintenant, je me dis que chacun a ses soucis, son mode de vie, et il vaut mieux tendre la main plutôt que juger et exclure. La liste des bienfaits que m'ont apportés les crises serait très très longue. Essaie toujours de tirer du positif d'une situation qui te paraît insurmontable.

Et toi, comment vis-tu tes crises ?

Si tu as besoin de parler de tes crises, de ce qu'elles t'empêchent de faire, tu peux le faire librement ici.

NOHOLITO

Vivre avec les crises d'angoisse

On lâche un pet de fouf et on va de l'avant !

Beaucoup diront que la situation sanitaire actuelle n'aide pas les angoissés comme moi. On se trouve dans une situation anxiogène qui n'aide en rien **à être calme, serein**. Je crois que, cette situation fait peur à beaucoup car elle nous bloque dans un présent bancal qui ne nous permet pas d'envisager l'avenir. Tout est en stand-by. Comme j'ai pu te le dire dans la deuxième partie, moi, j'ai accueilli ces confinements à bras ouverts.

Tu verras que j'ai d'abord cherché à vaincre mes crises d'angoisse grâce à une recette miracle, avant de saisir qu'il fallait plutôt que j'en comprenne la source et que je les accepte.

À la fin de mes études, la recherche d'une recette miracle

Ou les choses à ne pas faire quand on subit des crises d'angoisse qui nous empêchent de vivre !

Prends cela comme une liste de choses à éviter : si tu le fais, tu vas perdre du temps et tu risques de sombrer encore plus ! Essai d'hypnose ou passage chez un psychiatre, je te livre mes expériences, ce n'est pas un gage de vérité. Peut-être que cela marchera sur toi, sur moi non.

Durant mes études de droit, j'ai cru que ça allait passer avec le temps, puis j'ai accepté ce qui m'arrivait sans chercher de solution. C'est seulement à la fin de mes études, quand j'ai commencé à préparer l'examen d'accès à l'école des avocats, que **je me suis mis à chercher des solutions à travers la magie d'Internet.**

Quelle magie sombre MDR
Ça y est, j'écoute les musiques du *Seigneur des anneaux* en écrivant. Je commence à partir en vrille. Je vais peut-être te parler d'elfe sous peu...
MAMA, mais pourquoi t'as acheté ce brouillon ?

Je crois que j'ai bien employé l'expression là. MISKINE, je m'améliore !

Des forums aux livres de développement personnel

J'ai d'abord regardé des forums. Parfois ça fait du bien de voir qu'on est entouré, qu'on n'est pas tout seul à vivre ça. Mais **c'est quitte ou double**, soit ça te rassure de ne pas te sentir seul, soit t'as peur de finir comme les gens du forum. Pour ma part, ça m'a fait plus de mal que de bien. Je lisais en espérant trouver des solutions mais au final je me retrouvais qu'avec des témoignages de personnes qui étaient au bout du rouleau. Au début, je me disais : « Mais ce Luludu34 vit la même chose que moi ! » À force de lire des témoignages tous aussi tristes les uns que les autres, je me suis dit : « OMG je ne vais jamais m'en sortir ! »

Certains sont dans cette spirale depuis 10 à 15 ans. Pourquoi, moi, je m'en sortirais ?

J'ai fini par abandonner ma recherche.

Maître Yogi

Et quand je faisais une crise d'angoisse, j'allais me réconforter sur les forums et sites de témoignages. Cela me permettait de ne pas me sentir seul dans mon désespoir. Et c'est là le problème ! En me disant que je n'étais pas seul dans la *grossa mierda*, je me disais : « C'est pas grave, je vivrai comme ça. » À un moment, j'en ai eu ras-le-cucul de me dire : **« ça passera avec le temps. »**

Chanson Cassé de Nolwenn Leroy. Merci Nono !

Je lisais des livres de pseudo-experts en self control, en développement personnel, qui faisaient soi-disant des crises d'angoisse avant et qui, grâce à leur technique, n'en font plus. La recette miracle était toujours payante bien entendu. Je ne juge pas, chacun se fait de l'argent comme il peut, mais généralement quand quelqu'un vous propose une recette miracle, il y a peu de chance que ça marche. Ce n'est pas parce que ça a marché chez lui que ça marchera sur toi. Tout simplement parce que chacun réagit différemment. Cette personne a peut-être eu un déclic que toi, tu n'auras pas. Peut-être que tu auras un déclic mais sur autre chose et différemment. Je ne veux pas paraître défaitiste mais les livres du genre « Comment ne plus avoir de crise d'angoisse »

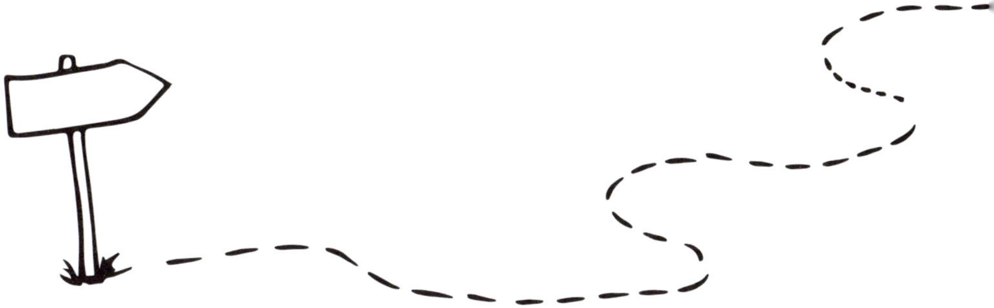

ne sont pas la solution selon moi. Ce n'est pas avec un simple livre qu'on se soigne. Le chemin est long, et ce n'est pas parce qu'il y a écrit « Chaque soir, dites-vous que vous êtes fort et vous ne ferez plus de crise d'angoisse » que ça marche. Si c'était aussi simple, les gens ne feraient plus de crise d'angoisse. Je ne connais personne avec qui **ce genre de truc a marché.**

si ça marche, c'est grâce à d'autres facteurs. Pas grâce à une simple phrase, **MISKINE** !

C'est comme si on disait à quelqu'un en dépression « Chaque matin, souris devant le miroir et tu ne seras plus dépressif »...

Ça ressemblait
à ça les CD.

MDRRR On le sait tous, ça ne fonctionne pas. Faut arrêter de prendre les gens pour de **la couenne de cochon**. J'ai acheté des livres, des CD même (oui oui, à l'époque où on achetait des CD). Ça n'a pas marché. Parce que les crises d'angoisse sont propres à chacun, chacun réagit différemment.

Et là, vraiment,
on nous prend pour
le lard graisseux
du cochon.

Même Mélinda Gordon,
elle prend la peine d'écouter
ton histoire avant de te faire
passer la lumière.

Alors comment un type peut te pondre une recette miracle **sans t'avoir vu ni même avoir entendu ton histoire ?** Là, le type il te vend un truc à 30 €, ça sert à rien, tu ne peux même pas te torcher le SIF avec, c'est un CD/livre avec des pages qui limeraient du métal. **Je ne te conseille vraiment pas de l'utiliser pour les W.-C.**, Je pense que tu peux donc éliminer ce semblant de solution.

'Fin, après, je n'ai jamais
essayé, hein !
Commence pas à m'imaginer
aussi ravagé que ça alors
que j'en tiens déjà une bonne
couche de connerie.

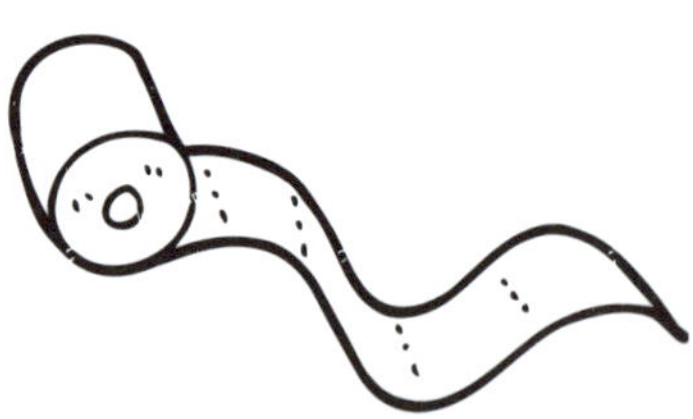

De l'hypnotiseuse…

Ensuite, je me suis tourné vers une hypnotiseuse. Je me suis dit : « Pourquoi pas ? » J'ai fait trois ou quatre séances, mais ça n'a pas fonctionné. Là, en revanche, ça marche chez certains. Mais moi, je n'en comprenais pas le sens, ça m'a fait du bien, je l'avoue, mais ça n'a rien changé.

L'hypnotiseuse a parlé avec mon moi intérieur, mais je n'avais pas l'impression qu'elle écoutait mon moi du présent qui se trouvait devant elle.

Elle a parlé au petit James durant l'hypnose, mais le James de maintenant, il n'a rien compris MISKINE.

Mais voilà, **je vois l'hypnose comme un après massage** : on se sent bien détendu quelques instants, puis les angoisses reviennent. J'aurais pu essayer avec un autre hypnotiseur… Qui sait ? Peut-être qu'il n'y avait pas d'alchimie entre la mademoiselle et moi… L'hypnose cherche à toucher ton toi, ton vécu. Pour ça, je trouve la démarche plutôt pas mal. Et j'ai eu de bons retours sur cette thérapie, vraiment, je pense que tu peux te pencher dessus, au moins pour essayer. Je songe à en refaire d'ailleurs, j'y songe…

Certains m'ont fait des massages qui m'ont fait plus mal au dos qu'autre chose. J'aurais dû les dégager de ma vie, ces péquenots, c'était pas du tout prometteur…

L'hypnose, qu'est-ce que c'est ?

Le terme hypnose désigne à la fois un état modifié de conscience et une méthode thérapeutique.

En France, la profession d'hypnothérapeute n'est pas réglementée.

L'hypnose comme état modifié de conscience

L'hypnose fait référence à un état modifié de conscience au cours duquel la personne est entre un état de veille et un état de sommeil. Cet état naturel est expérimenté par tout le monde au quotidien, par exemple lorsqu'on lit un bon livre ou qu'on est tout simplement « dans la lune ». L'état hypnotique est une réalité qui a été identifiée et caractérisée en imagerie cérébrale.

L'hypnose comme méthode thérapeutique

La thérapie par l'hypnose consiste à reproduire intentionnellement cet état de conscience, mais avec un objectif qui varie selon la demande du patient (troubles anxieux, comportements de dépendances comme le tabagisme). Elle vise à rendre accessible à la personne des ressources peu exploitées par son cerveau et à activer ses pouvoirs d'autoguérison.

L'état hypnotique est donc la reproduction d'un état naturel et spontané. Par conséquent, tout le monde peut y avoir accès, mais pas forcément de la même façon : certaines personnes répondent bien à des suggestions verbales directes alors que d'autres auront besoin d'une approche indirecte pour provoquer l'état de conscience modifié. C'est donc une méthode qu'un thérapeute peut choisir d'utiliser pour travailler sur vos problématiques.

... au psychiatre

Suite à l'échec de l'hypnose, je me suis tourné vers un psychiatre. Là, par contre, je n'ai pas aimé.

Désolé Didier, mais je ne retiens rien de positif avec toi.

Avec lui, j'ai suivi une thérapie cognitivo-comportementale (TCC). J'ai arrêté au bout d'un an et demi. Là, c'était pire, c'est cela la différence avec ma psychologue actuelle. Le psychiatre, c'était le même schéma pendant un an et demi : un « Comment allez-vous ? » suivi de la remise de l'ordonnance pour les cachets.

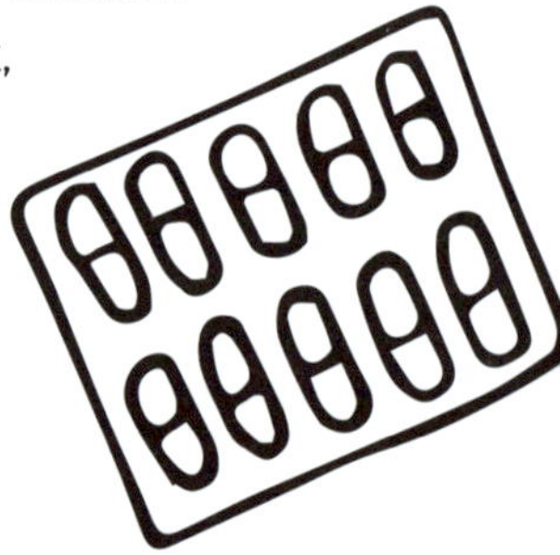

Oui, car la solution miracle était soi-disant des cachets. Pas des anxiolytiques type Lexomil ou Xanax, mais des cachets qui permettaient de calmer mes angoisses. Je n'en ai pas vu les effets. J'avais l'impression que la seule solution aux yeux du psychiatre, c'étaient les cachets. Je n'étais pas écouté. Peu importait l'origine du problème, tout pouvait s'arranger avec des cachetons. On essayait de supprimer les effets des crises d'angoisse sans même savoir pourquoi elles étaient là ! Je devais faire des petits exercices mais je n'avais aucun encadrement, aucun objectif. Je connais une autre amie qui a fait une TCC, elle non plus n'en a pas vu les effets. Là encore, je suis sûr que la TCC peut aboutir à de sacrés bons résultats, mais je pense qu'il faut la coupler à la recherche de la source du problème. Je pense qu'il n'y avait pas d'atome crochu avec le psychiatre MISKINE.

Les thérapies cognitivo-comportementales

Plus connues sous le nom de TCC, elles ont pour objectif de modifier votre façon de penser (versant cognitif) ou d'agir (versant comportemental). Elles sont centrées sur les causes actuelles du comportement problématique. Thérapies brèves, elles considèrent un comportement inadapté (par exemple une phobie) comme le résultat d'apprentissages liés à des expériences passées survenues dans des situations similaires, puis maintenus dans le temps. La thérapie vise à remplacer le comportement inadapté par un comportement plus adapté en lien avec les attentes de la personne, et donc à proposer un nouvel apprentissage.

Les TCC regroupent diverses techniques qui ont évolué avec le temps.

Première vague (années 1950) et les techniques comportementales :
Si on agit sur le comportement, la vie changera.

Deuxième vague (années 1970-1980) :
Ces techniques se sont enrichies en intégrant des approches cognitives qui considèrent l'impact des pensées sur la manière d'être. Si on agit sur les pensées, la vie changera.

Troisième vague (années 1990) :
Le but n'est plus de modifier nos comportements ou nos pensées, mais de modifier le rapport entre la personne et ses expériences intérieures (les émotions, les pensées et les sensations corporelles). Elles mettent l'accent sur les aspects émotionnels, l'acceptation psychologique et le principe de pleine conscience.

Le message que je cherche à faire passer, ce n'est pas que rien ne fonctionne. Une bonne TCC peut fonctionner sur certains, tout, comme l'hypnose.

Souvent ce n'est pas la thérapie le problème, mais l'alchimie avec le thérapeute.

Si une thérapie ne fonctionne pas, essaie de voir si le problème est la thérapie en elle-même ou ton thérapeute.

C'est aussi propre à chacun. Moi, j'ai compris que chercher à supprimer le problème n'était pas la solution : il valait mieux se comprendre, comprendre d'où viennent les crises, pour aller mieux. Elles ne sont que le reflet d'un mal-être intérieur, du moins pour ma part. Elles témoignent de la souffrance gravée en moi. Lorsque je me faisais vomir, que je faisais pipi au lit, que j'avais des migraines… à chaque fois, j'ai réussi à surmonter l'obstacle, mais à quel prix ? Repousser le problème ?

Ça y est, je me prends pour le Dalaï Lama ! Je vais bientôt faire une retraite méditative pour me comprendre et comprendre le monde qui m'entoure.

Si je n'en cherche pas les causes, peut-être qu'un jour je vaincrai les crises d'angoisse. Mais alors, qu'est-ce qui les remplacera ?

C'est pour ça que je vois ma psychologue et qu'on essaie de comprendre avant de chercher des solutions.

Psychiatre ou psychologue ?

Il est souvent difficile de s'y retrouver entre tous ces « psy » car même si ces professions sont complémentaires, elles ont aussi des différences ! Essayons d'y voir plus clair.

De tous les « psy », le psychiatre est le seul qui soit obligatoirement médecin, avec une spécialité en psychiatrie, tout comme le proctologue est spécialisé dans les pathologies de l'anus et du rectum.

Le psychologue clinicien, quant à lui, a suivi un cursus universitaire d'au moins 5 ans en sciences humaines et sociales, et non en médecine comme le psychiatre. Après son master peut poursuivre en doctorat pour obtenir le titre de docteur en psychologie. Ainsi, certains psychologues sont aussi appelés docteur, tout comme les psychiatres, sans être médecins pour autant !

La différence majeure entre ces deux professions réside dans le fait que seuls les psychiatres peuvent prescrire des médicaments, un arrêt de travail, etc.

Les psychiatres peuvent donc proposer un traitement médicamenteux et/ou une psychothérapie alors que les psychologues peuvent uniquement offrir une psychothérapie.

Votre psychologue peut donc vous orienter vers un psychiatre si la thérapie n'est pas suffisante et qu'une prise en charge médicale est également nécessaire ou pour établir un diagnostic plus précis. Pourquoi un psychiatre et pas un médecin généraliste ? Pour un mal de dents, auriez-vous l'idée de prendre rendez-vous chez un proctologue ? Pour les problèmes psychologiques, c'est la même chose. Le psychologue vous oriente vers le spécialiste des traitements médicamenteux et diagnostics d'ordre psychologique, à savoir le médecin psychiatre.

Néanmoins, tous les psychiatres ne proposent pas de psychothérapie, c'est pour cela que votre médecin psychiatre peut vous orienter vers un psychologue.

En ce qui concerne la psychothérapie, vous l'avez compris, les deux peuvent en proposer une. Le choix de la psychothérapie (TCC, psychanalytique, EMDR, etc.) dépend des formations du thérapeute !

À ce jour, en ce qui concerne le remboursement des consultations auprès de professionnels en cabinet libéral : si les consultations du psychiatre peuvent être remboursées (tout ou en partie) par la Sécurité sociale (en fonction du psychiatre), celles du psychologue en ville ne le sont pas, mais certaines mutuelles peuvent prendre en charge tout ou une partie des consultations.

Vers une compréhension du problème

D'où viennent ces crises ?

Après avoir passé une grosse partie de ces dernières années soit à ignorer l'évidence que les problèmes ne partiront pas en les évitant, soit à chercher constamment une solution pour les supprimer, **j'ai fini par tenter une nouvelle approche.**

Au lieu d'essayer d'estomper les symptômes avec la TCC, je me suis dit que le chemin vers la guérison serait plutôt de **comprendre d'où cela venait**, de comprendre pourquoi ils étaient là. Ça devenait une nécessité pour moi.

On va se la jouer Dora l'exploratrice et avec Babouche on va chercher pourquoi cet enculé de Chipeur nous casse les bonbons.

C'est avec l'aide de ma psychologue actuelle qu'on a pu mettre un doigt sur le départ de ces crises. Au début, je venais la voir et je lui disais : « Je ne veux plus faire de crise d'angoisse », « Je ne peux rien faire à cause des crises d'angoisse ». Ma psy a commencé par creuser mon passé, plus particulièrement mon enfance, car c'est là que tout se joue. Les premières années de notre vie sont cruciales et fondent ce que l'on devient par la suite. Notre caractère, nos peurs, nos angoisses, viennent généralement de là, des premières années de notre vie.

Au début, raconter ma jeunesse, je voyais ça comme une perte de temps. On se retrouvait à parler du passé, alors que je voulais m'attaquer au présent et agir sur le futur qui m'attendait. J'ai fini par comprendre une chose qui, pour moi, a été un déclic.

Comment vivre au présent tant que des choses sont encore en suspens dans le passé ?

Des mots marquants, des non-dits, des incompréhensions qu'on a l'impression d'avoir oubliés sont encore dans notre subconscient. C'est comme une relation amicale ou sentimentale. Lorsque deux personnes ont quelque chose à se reprocher, si elles ne mettent pas les points sur les « i », si elles n'essaient pas de discuter pour arranger les choses, comment pourront-elles passer au-dessus de tout ça ? Ça finira par exploser. Il en est de même ici, certaines choses de mon enfance me sont restées dans la tête et font ce que je suis aujourd'hui.

Comment aller mieux si ces choses du passé sont encore dans un coin de ma tête ?

Marraine et papounet

Nos souvenirs d'enfance sont parfois faussés, incomplets. Tu te rappelles ? Au début du livre, je te disais que j'avais retrouvé des souvenirs enfouis grâce à l'EMDR. Sans ça, je ne me serais pas rappelé que mon père s'était excusé après la séparation. Ce détail était pourtant très important. Je ne m'en suis souvenu que dernièrement et, grâce à cela, j'ai plus de facilité à parler avec mon papa, à lui dire ce que je ressens.

Petit à petit, j'apprends à me dévoiler. On a l'impression que je suis l'extraverti qui fait rire tout le monde et, effectivement, je suis comme ça dans la vie de tous les jours, mais je suis aussi réservé sur **mes sentiments**. Je ne parle pas de tout, je suis bloqué. C'est une autre facette de moi. Ton passé a un impact sur ton présent. Sans le comprendre je pense qu'il est plus difficile d'aller de l'avant. Pour guérir, il faut mettre un pansement sur la plaie. Comment le faire quand on ne sait pas où elle est ?

Je peux te dire que maintenant je peux pleurer comme une Madeleine si je vois une mouche se scotcher contre la vitre. Non, je déconne là ! Je jubile si ça arrive, faut pas déconner !

Pourquoi sont-elles là ?

Après avoir compris d'où venaient mes crises d'angoisse, il était logique de comprendre pourquoi elles étaient là. Trop souvent, on ne cherche pas le message que notre corps tente de nous faire passer. La migraine en est le parfait exemple : on a mal à la tête, on prend un cachet, et puis basta. Il y a peut-être une raison à ce mal de tête... Derrière mes migraines se cachait un enfant qui appelait à l'aide, c'était un message que mon corps voulait m'envoyer. Un mal-être intérieur, des angoisses liées à la peur de l'abandon. Il en est de même pour mes crises d'angoisse actuelles. Elles sont là pour une raison, pas pour emmerder la gousse d'ail que je suis, mais pour me faire passer un **message**.

Même si elles m'emmerdent ces couuuunasses !

Et allez ! Je parle encore de miskino, ils ne vont plus se sentir pisser les cons.

Celui de s'écouter, de se comprendre. Depuis un an, avec l'aide de ma psy, j'essaie de comprendre pourquoi mes crises sont là. Et ça fait du bien ! Qu'est-ce que ça fait du bien de mettre des mots sur ces peurs, sur ces angoisses.

Elles sont l'incarnation de ma peur constante de l'abandon. C'est d'ailleurs pour ça qu'avec les hommes de mon passé, ça n'a pas vraiment fonctionné MISKINE. Je suis dépendant affectif, ce qui fait de moi quelqu'un qui sera le plus souvent attiré par des pervers narcissiques ou des personnes perdues. J'ai eu de la chance de ne pas tomber sur les premiers, mais je suis tombé **sur les seconds**. Et j'en ai perdu totalement confiance en moi. Au début, tout est nouveau, tout beau, on me promet monts et merveilles, puis c'est la désillusion totale, la personne ne sait plus ce qu'elle veut, elle te disait « Je t'aime » hier, aujourd'hui, elle te dit qu'elle veut prendre son temps. En tant que dépendant affectif, je ne sais pas prendre du recul dans ce genre de situations : je me dis que c'est de ma faute et quand je vois que la personne part, je me sens abandonné comme si ma vie n'avait plus aucun sens. Pour moi, l'attente d'un message d'un gars pendant deux heures dure deux jours. C'est atroce ! Je commence alors à ruminer, à devenir parano, à me demander ce qu'il se passe, alors que ça ne fait que deux heures que j'attends une réponse. MISKINE achetez ce livre en masse, ça m'incitera à en écrire un autre sur mon rapport aux hommes en tant que dépendant affectif ! Tu vas bien rire quand tu vas te rendre compte de l'être ravagé que je suis avec les mecs.

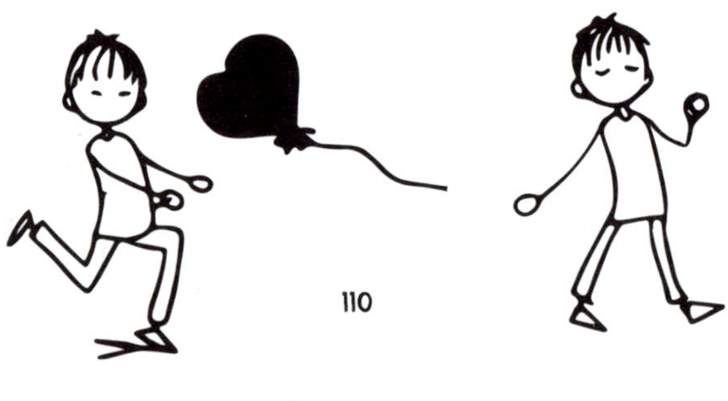

Enfin, bref, pour en revenir à nos **agneaux**, le fait de me sentir abandonné à chaque fois par les mecs que j'ai dans ma vie a finalement eu pour effet de me faire perdre confiance en moi. Je n'avais plus d'estime de moi. J'avais l'impression de ne pas mériter d'être aimé, que je ne valais rien. Puisque les mecs me lâchaient les uns après les autres, j'ai fini par me dire que j'étais nul. Ça m'a poussé à me sous-estimer.

Je sais qu'on dit mouton, mais je fais ce que je veux, cloporte.

Mon père m'a toujours dit : « James aime James ». C'est le principal et la chose que tu dois te répéter : « Avant d'aimer quelqu'un, aime-toi, sinon cela ne peut pas marcher. » Et c'est vrai ! Comment peux-tu avoir quelqu'un qui t'aime dans ta vie si toi tu ne t'aimes pas ? Comment peux-tu avoir de la valeur aux yeux de quelqu'un si tu ne t'en donnes pas ? C'est bien ça le problème. Et tout ceci a aussi donné plus de place aux crises d'angoisse. J'ai commencé à me recroqueviller sur moi-même après ces déceptions amoureuses, à ne plus faire confiance, à avoir peur des gens. Le monde de Bisounours que j'avais créé dans mon esprit n'était donc pas la réalité ? Ce monde était donc parfois mauvais ? Je suis devenu encore plus casanier que je ne l'étais, appréciant la présence de mes amis, de ma famille, et ne m'ouvrant plus aux autres.

Il n'y a pas plus beau que le sourire d'une maman

Les crises d'angoisse viennent donc de tout ça. De ma jeunesse mais aussi de mon expérience de vie qui n'est vraiment pas un long fleuve tranquille.

Mais pourquoi sont-elles là ?

C'est tout simple, elles sont là pour me dire de faire un travail sur moi-même, de commencer à penser à moi plutôt qu'aux autres, de m'aimer avant de chercher à être aimé. De regagner la confiance et l'estime que j'avais pour moi. De me rappeler que je vis pour moi et non pour quelqu'un d'autre. Que j'ai tellement de choses à apporter. Quand j'aime, j'aime vraiment. Je suis capable de décrocher la lune pour quelqu'un. Et si cette personne ne veut pas de mon amour, ce n'est pas parce que je ne la mérite pas.

Les mecs que j'ai fréquentés étaient perdus et ils n'ont malheureusement pas vu que **je valais le coup**. Ils sont plus à plaindre que moi.

Tant pis pour eux ! J'apprends à cuisiner depuis quelque temps : je peux te dire que mes repas feraient bander un mort !

'Fin, je sais ce que je veux… MDR si ma psy lit ça, elle va quand même rire un peu mais on va faire genre que je crois à mes propos.

Moi, je sais ce que je veux, eux non.

C'est bien pour ça qu'ils finissent tous par revenir, n'est-ce pas les filles ? 🙂 Je vais VRAIMENT l'écrire ce livre sur les mecs, mes gourgandines, je vous le dis !

**Je dois donc m'aimer,
je dois m'accepter tel que je suis.**

Tu vois, ces crises sont là pour une bonne raison, pour me dire de faire attention à moi et de me chérir. Et je suis sûr qu'en faisant ce travail sur moi, j'irai beaucoup mieux et que les crises finiront par s'estomper. Elles feront peut-être partie de ma vie, et alors ? Je préfère les accepter, les dompter, que les combattre car si elles sont là, c'est pour une bonne raison.

« James aime James »
Papa

Les crises ne sont pas
mes ennemies, au contraire,
elles sont bienveillantes,
elles veulent juste m'alerter
sur ma santé,
notamment mentale.

Et toi ?
D'où viennent tes crises d'angoisse et pourquoi sont-elles là ?

Si tu le souhaites, tu peux écrire d'où viennent tes crises et quel(s) message(s) elles essaient de te faire passer. Alors, je te le dis tout de suite, ça risque d'être compliqué et éprouvant. Tu vas peut-être pleurer en comprenant ce qui ne va pas. Prends ton temps, plusieurs jours même. Rome ne s'est pas construite en un jour. Là, c'est la même chose, c'est un chemin très long pour se comprendre.

C'est drôle… Je relis ce livre, je suis actuellement en Italie, hier encore j'étais à Rome HAHAHA…

D'où viennent tes crises d'angoisse
et pourquoi sont-elles là ?

Et enfin, l'acceptation

Je suis malade

J'ai fini par accepter. Accepter quoi ? Déjà, que je ne suis pas fou. Peu de gens parlent de crises d'angoisse, du moins telles que je les vis donc on se sent seul, on a l'impression d'être incompris. J'ai donc fini par accepter ce trouble psychologique, parce qu'une fois qu'on l'accepte, on finit par se comprendre. Je me jugeais moi-même au départ, à me dire : « T'es con, t'es pas normal de faire des crises pour aller au supermarché », etc. Puis j'ai fini par ouvrir les yeux et par me dire que chacun a ses problèmes, **chacun a des choses à gérer**. La phobie sociale que je ressens à cause de mes crises d'angoisse est considérée comme une maladie mentale.

Et savoir ça, ça fait un bien fou car on met un doigt sur le problème.

Je ne suis pas anormal, je suis malade. Et je l'accepte. Un individu amputé ne peut plus faire certaines choses : il n'est pas anormal, il a un handicap. Il en va de même pour moi. Savoir mettre

c'est vrai qu'on a tous des problèmes : aujourd'hui, le mien, c'était de trouver du PQ !

des mots sur les problèmes, c'est déjà faire le plus gros du travail. Quand je me rendais malade pour des mecs au QI sous-développé, je me disais : « Mais pourquoi tu te rends malade ? On dirait Bella sur sa chaise dans *Twilight, chapitre II : Tentation* qui voit les saisons défiler en dépression. » J'ai fini par comprendre pourquoi j'avais ces réactions démesurées quand j'ai appris que j'étais dépendant affectif. Je me répète mais le plus important, c'est de savoir d'où vient le problème, pourquoi il est là, et par la suite d'accepter ce qu'on vit.

À toi qui fais
des crises d'angoisse :
non, tu n'es pas fou,
il n'y a rien
qui cloche chez toi.

J'aurais aimé qu'on me le dise il y a quelques années quand je n'osais pas en parler. Non, tu n'es pas fou ! Tu mérites tout le bonheur du monde, et faire des crises d'angoisse ne fait pas de toi quelqu'un d'inférieur aux autres.

J'ai perdu en estime et en confiance en moi avec tout ça. Je n'ai été que l'ombre de moi-même pendant un long moment. Aujourd'hui, avec le recul, je peux te dire que c'est ma force. Oui, j'ai perdu des années de ma vie. Oui, j'en ai peut-être gâché certaines. Au final, de belles choses me sont arrivées, et c'est grâce à ça. Tu es peut-être sceptique à l'idée de voir du positif dans tout ça. Comme je te le disais, ces crises m'ont permis de me révéler sur les réseaux sociaux et surtout de me créer un cercle d'amis solide, des amis qui m'acceptent tel que je suis. Voilà que je chiale MDRRR merci Steyla, Manon, Emma, Dédé et Noellie. Merci du fond du cœur.

MISKINE on dirait que le livre est terminé alors que pas du tout, mais il me semblait important de les remercier.

Être accepté

Oui je pense beaucoup MDR Des fois je m'invente des disputes dans ma tête et je commence à m'énerver jusqu'au moment où je me rends compte que c'était juste une pensée et qu'il n'y a rien HAHAHA.

Il faut que je m'accepte mais il faut aussi que mon entourage m'accepte. Les gens autour de moi ne savent pas ce que je traverse. Pour eux ce ne sont que des petites crises insignifiantes. C'est si difficile et si douloureux quand je dois dire non à quelque chose qu'on me propose, comme sortir dans un endroit bondé... Mais c'est encore plus difficile quand la personne me dit : « Mais allez, t'inquiète, tout va bien se passer. » En insistant, en essayant de me rassurer, elle ne fait que m'inquiéter davantage. La personne croit bien faire et c'est tout à son honneur mais, au final, elle n'arrange en rien les choses.

Ça ne sert à rien d'insister, d'essayer de trouver des solutions.

La personne angoissée que je suis a déjà réfléchi à 10 000 solutions pour pouvoir venir, mais si j'ai dit non, crois-moi, c'est que j'ai vraiment envisagé toutes les possibilités.

Le fait d'insister, du moins sur moi, ne sert qu'à me faire culpabiliser et je me dis que la personne en face de moi doit trouver **ces crises ridicules.**

« Allez, t'inquiète, tout va bien se passer. » Je sais. Je sais que je ne vais pas mourir, que personne ne va tenter de me tuer. Je sais, mais ce n'est pas pour autant que je le peux.

La seule chose que tu peux faire pour que j'aille mieux, c'est accepter.

Accepter de comprendre et d'être à l'écoute. À trop vouloir trouver des solutions, tu risques de te prendre un mur. Peut-être même que la personne ne dira plus rien et se recroquevillera. Personnellement, j'ai tendance à devenir agressif quand une personne n'essaie pas d'accepter. Je subis une crise d'angoisse, mais je subis aussi le regard de la personne qui donne l'impression de me juger.

Ça donne la sensation qu'elle te rabaisse parce que ce que tu vis n'a rien de logique pour elle.

Si vraiment la personne n'est pas à l'écoute, tu la dégages de ta vie. Elle ne vaut pas mieux qu'une soupe aux vermicelles ! Basta, tchao !

Je sais que c'est difficile de comprendre. Des fois, certaines personnes ont un mode de vie ou des troubles que je ne comprends pas. Comme les TOC, c'est difficile pour moi de les comprendre vu que je n'en ai pas. Pour autant, je ne les minimise pas et c'est le plus important. J'insiste, accepte juste ce que je subis, je ne te demande pas de me comprendre.

Une personne angoissée ne te demandera pas de comprendre, juste d'accepter.

Si tu veux vraiment comprendre, tu peux te dire qu'on vit à 100 à l'heure toute la journée. Quand je suis chez moi, c'est le moment où je suis le plus souvent en pause, c'est d'ailleurs pour ça que j'y suis la plupart du temps HAHAHA. Quand on est angoissé et qu'on a peur de la crise d'angoisse avant même qu'elle n'arrive, on vit à 100 à l'heure. C'est éreintant : après une crise, d'angoisse tu es dans un état de fatigue, t'as l'impression d'avoir fait un **marathon**.

MDR Je m'imagine faire un marathon ! 'Fin, je n'arrive pas à m'imaginer... J'arrive à me faire des croche-pattes quand je marche tellement je ne suis pas sportif !

En fait, tu te lèves et tu vas te coucher en ayant le cerveau constamment en éveil car tu réfléchis à tout, à comment éviter une situation, tu te poses 10 000 questions. Ça rumine, ça rumine.

Toi, tu vas au bar, ton seul souci c'est de ne pas oublier ton moyen de paiement. Moi, je cherche un bar pas trop bondé, je dois trouver la meilleure place, celle qui me permet d'être le plus serein, je dois vérifier la température pour éviter de suffoquer s'il fait trop chaud, arriver en avance pour me préparer en amont à l'épreuve du bar, ne pas prendre de boisson trop énergisante, cibler l'heure où il n'y a pas trop de monde. Et, si le bar a été choisi par une amie, il faut que j'aille sur Internet pour me familiariser avec les lieux en amont. Et avant ça, chez moi, j'aurai passé la journée à ruminer. Je me serai posé 1 heure, 2 heures, voire toute l'après-midi sur le canapé, les yeux fermés, à essayer de relativiser et de me calmer au maximum avant de sortir. Je me serai levé

le matin avec une boule au ventre. Je n'aurai pas mangé de la journée ou alors je me serai forcé. Et je n'aurai pas été capable de faire quoi que ce soit dans la journée car j'aurai passé mon temps à ruminer. Tout ce que je devais faire, je l'aurai annulé. Voilà pourquoi j'ai arrêté d'aller au bar. J'ai lâché la rampe comme je dis **HAHAHA**. Je te donne cet exemple pour que tu acceptes ce que vit une personne angoissée à défaut de le comprendre. Accepte que ce n'est pas aussi facile qu'un « mais t'inquiète, tout va bien se passer ».

Je t'ai parlé d'un cas extrême mais ce cercle vicieux se retrouve dans d'autres situations quotidiennes. Par exemple, si je vais à la plage, je me pose des questions mais je ne me stresse pas puisque j'y vais depuis des années. Et chacun réagit vraiment différemment. Tu dois te dire qu'avec mes angoisses et ma peur du regard des autres, il ne vaut mieux pas que je rencontre mes abonnés. Mais non ! J'adore parler avec vous ! Y a aucun souci. Par contre, **je n'irai pas faire de dédicaces** pour ce livre **HAHAHA**. Chacun réagit différemment.

Voir des attroupements de gousses d'ail autour de moi, je vais suffoquer !

Je finis ce chapitre en répétant pour que ça rentre dans ta tête de linotte :

« ACCEPTE ! »

Et toi, que veux-tu dire à ton entourage ?

Ici, sens-toi libre d'écrire ce que tu voudrais exprimer à tes proches.

Y a un cochon sur la photo

Chez Nono

MDR Je prends trop la confiance.

L'espoir

One life comme disent les jeunes.

Bon, je vous ai raconté un peu mon histoire pas très glorieuse juste avant mais **la vie est belle.** En vrai, j'ai plein de choses qui me permettent de vivre avec beaucoup de joie.

Quoi qu'il arrive dans la vie, quoi qu'il puisse se passer, il y a toujours le soleil derrière les nuages, et même s'ils sont gris, le soleil finit toujours pas revenir.

Que ferais-je si je n'avais pas eu de crises d'angoisse ?
Que serais-je devenu ?

Bref… Tout ça pour dire que, derrière ces crises, y a eu aussi du bon. Ce livre est un moyen de me libérer, un moyen pour que tu ne te sentes pas seul mais ce n'est en aucun cas un livre de recettes miracle pour guérir des crises. On n'en guérit pas, on apprend à vivre avec. Je vais malgré tout te donner des conseils, déjà parce que **je fais ce que je veux c'est mon livre** MDR et parce que je pense avoir vécu les crises en long, en large et en travers donc j'ai un peu matière à parler.

Une échappatoire

Les réseaux sociaux pour reprendre confiance

MDR La cravate est plus longue que mon avenir

Pendant que je préparais mon super concours d'avocat… Attends… Déjà, je dis de la grosse daubignasse là… Ce n'est pas un concours mais un examen ! On a tendance à dire concours, mais ça n'en est pas un. Et voilà, déjà je fais une faute, si des gens de droit lisent ça, ils vont se dire : « Décidément, lui, il n'a pas la lumière à tous les étages, il ne sait même pas ce qu'il a passé. » En plus, je l'ai tenté deux fois cet examen et… je l'ai raté deux fois MDRRR. On a le droit à trois chances mais flemme de retenter, et puis, honnêtement, avec les réseaux sociaux, j'ai perdu toute crédibilité pour exercer le métier d'avocat. Le type, il crie

Martine allant chercher des œufs de Pâques

Tenez, monsieur le juge ! Rincez-vous l'œil. Non, mais en vrai, je n'aurais pas fait long feu MDRRR

« gourgandine », « gousse d'ail », « sors ta trompe, c'est moi qui pompe »… Qu'est-ce que j'allais foutre en robe d'avocat devant le juge ? Lui, il n'aurait vu qu'un plaisantin **qui se déguise en lapine cochonne sur Instagram…**

Et il paraît que l'été il fait tellement chaud que **les avocats portent la robe sans rien dessous avec les baloches à l'air !**

Bref, c'est donc pendant la préparation du CRFPA que **je décidâmes** de me lancer sur les réseaux.

ça devait sentir le foin là-dedans MISKINE.

MDR c'est quel temps de conjugaison ça ?

À la base, je faisais des stories Snap à mes amis et ils m'ont dit : « Vas-y, lance-toi à plus grande échelle. Ça va marcher, t'es drôle, t'as une manière de raconter les choses avec tes expressions, c'est quasi sûr que ça prendra ».

Sans grande conviction, j'ai donc décidé de me lancer. Et comme dans la vie je passe mon temps à faire de la merde, à prendre les mauvaises décisions, j'ai toujours eu des choses à raconter. J'ai commencé à faire des petits sketchs, des revues de l'actualité quotidienne. Quand je préparais mes sketchs, ça ne marchait pas.

Mes vidéos faisaient rire quand je racontais ma vie, que je parlais de mecs…

RHALALA Les mecs, **y en a à dire**, beaucoup et rien à la fois. C'est creux, **ça a un pois chiche à la place du cerveau…**

Et allez je parle encore de mecs, je vais en faire des cauchemars.

Bref, rendez-vous au tome 2.

P.-S. : J'en fais déjà.

J'ai commencé à poster des stories de mes promenades avec Marie-Elizabeth, la chienne de mon ex beau-père. En réalité, elle s'appelait Dipsie, mais comme je me prends pour la reine de Saba, j'ai décidé de la renommer à ma façon.

Marie-Elizabeth, ça faisait très grande dame. J'avais envie de lui accorder une plus grande place dans la société donc je l'ai renommée ainsi même si elle ressemblait à un paillasson. Tu me manques d'ailleurs bébé, j'espère te revoir un jour !

Ces stories avaient un succès fou !
Petit à petit, j'ai filmé des vidéos avec ma maman.

Ma communauté augmentait petit à petit. Après avoir atteint les 10 000 abonnés sur Instagram, ça a grimpé en flèche, j'ai perdu le fil et je ne me rendais pas compte. Même encore aujourd'hui je ne m'en rends pas compte. D'ailleurs, je ne comprends pas pourquoi ça cartonne. Je n'ai rien révolutionné, je ne mets pas de cœur à l'ouvrage, je ne fais rien de pro, je balance mes vidéos de chiasse qui me prennent 5 minutes à faire, je ne fais pas de montage, je ne mets pas de filtre. **'Fin vraiment, je ne comprends pas le succès.** Je suis à l'opposé, je pense, de ce qu'apportent les autres créateurs de contenu. 'Fin la plupart.

Peut-être que ça vous plaît parce que je ne mets de filtre ni sur ma gueule ni dans ce que je dis ?

Il n'y a pas que du négatif dans les réseaux sociaux... même si Mark Thukenberg (je ne sais pas comment s'écrit son nom) nous a rendus encore plus associables depuis la création de Facebook.

Tout ça pour dire qu'à cause de mes crises d'angoisse, je me suis recroquevillé sur moi-même, mais les réseaux sociaux m'ont permis de sortir la tête de l'eau et de **m'accorder une seconde vie.**

J'ai commencé à trouver une raison de me lever le matin : les révisions du concours d'avocat m'y obligeaient, les réseaux sociaux à l'inverse m'ont donné envie de le faire. Je ne gagnais pas ma vie, mais j'adorais tellement faire rire les gens.

C'est comme une drogue : ça fait plaisir, c'est gratifiant de voir les gens t'aimer, surtout quand tu manques de confiance et d'estime de toi.

Les gens comblent ce vide que je n'avais pas su combler par moi-même.

Je vis grâce à ma communauté. J'ai ouvert ma chaîne YouTube avec laquelle je n'ai pas dégagé de revenus pendant un an et demi. Ensuite, j'ai créé un compte TikTok, ma page Facebook, mon Twitter, etc. Toujours plus de contenu à produire et donc de raisons de me lever le matin. Je ne pensais pas que ça allait marcher. Je ne crois pas avoir voulu forcer les choses. Faire rire ma communauté de 1 000 abonnés me suffisait.

Au premier confinement, ça a pris une ampleur démentielle : le nombre de mes abonnés augmentait sur toutes les plateformes. Je n'aurais jamais pensé que j'allais avoir une aussi grande communauté. Et pour être transparent avec toi, je n'aurais jamais pensé que j'allais très bien gagner ma vie. Je me suis lancé sur les réseaux pour sortir la tête de l'eau, pour vivre à ma façon avec mes angoisses. Ce n'était pas pour l'argent, ça c'est un plus, la cerise sur le gâteau ! Je peux me consacrer pleinement à ce que j'aime faire sans me soucier d'autre chose.

Une thérapie par le rire

Je me suis trouvé et c'est ce qui importe le plus. J'ai trouvé ma voie ! Non, ma voie n'est pas d'être sur les réseaux sociaux. Ma voie, c'est de faire rire les gens, de vous apporter du bonheur et du divertissement, et après 3 ans j'espère que c'est toujours le cas. C'est ma première volonté et ce qui me donne envie de continuer. De me lever, préparer ma vidéo YouTube, la tourner, rigoler, et encore rigoler, **faire les montages**, faire mes TikTok, raconter ma journée en story, c'est super !

Même si je vous l'accorde : ils sont bancals, mes montages. À part zoomer et recadrer, je ne sais pas faire grand-chose.

Et écrire ce livre qui est quand même un projet plus sérieux. Vous vous rendez compte ? Grâce à tout ça, je peux écrire un livre. Je n'aurais jamais été aussi épanoui en faisant le métier d'avocat. Je respecte ce métier, mais je n'aurais pas été un bon avocat, je n'aurais pas porté la robe avec dignité. **Ma dignité, je l'ai jetée dans une poubelle** MDR. Cette pauvre robe d'avocat, elle aurait pleuré sa mère si je l'avais mise.

La dignité, je lui ai chié dessus en écrivant aux mecs de mon passé MDR

Je suis fier de moi.
Fier d'avoir enfin cru en moi.

Fier de ne pas m'être découragé et d'avoir continué sans me soucier du reste. Si je devais faire la liste de tout ce que cela m'a apporté, elle serait longue mais que positive. Le plus important, c'est que j'ai trouvé ma voie. Grâce à ça, mes yeux se sont ouverts, je ne vis plus dans ma bulle : chaque jour je commence à en sortir et à m'ouvrir aux autres. Comme me disait mon père (et il me le dit encore) : « James aime James » et c'est le plus important. Et à chaque fois que je me dis cette phrase, même à l'instant où j'écris ces mots, j'ai les larmes aux yeux.

Car oui, James aime James.

Dis-le avec ton prénom : « X aime X ». Répète-le plusieurs fois devant le miroir en le pensant vraiment. Tu verras, des petites larmes apparaîtront. N'attends pas qu'on te le dise, n'attends pas la validation de quelqu'un. Tu es à même de t'aimer et de te le dire. Il n'y a pas plus sincère que soi-même.

Retrouver un sens à sa vie

Tout ça m'a sauvé des crises d'angoisse. Au lieu de me recroqueviller sur moi-même, j'ai pu trouver des objectifs de vie. Ça m'a permis de croire de nouveau en moi et de me pousser à aller voir une psy pour essayer d'aller mieux, comprendre ce qui n'allait pas et pourquoi je faisais des crises. Trouver une passion, un métier qui te plaît et qui donne un sens à ta vie, c'est déjà un premier pas pour aller mieux. C'est la clef pour aborder les choses de façon plus positive.

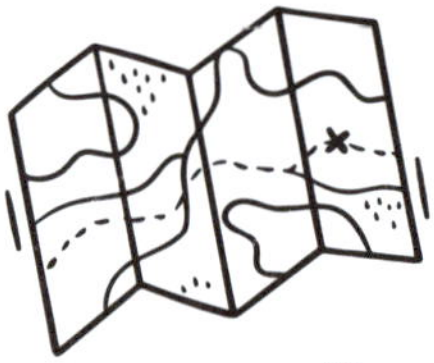

Trouver sa voie, ça peut être long. Il m'a fallu du temps, beaucoup de temps, pour me trouver et, encore aujourd'hui à 28 ans, je n'ai pas encore totalement réussi. Il ne faut pas stresser ni ruminer, il faut laisser faire le temps.

Ne te laisse pas absorber par les diktats de la société et de ta famille : avoir les meilleures notes, avoir le meilleur métier, avoir des enfants, etc.

Écoute-toi.

La vie est déjà un challenge, alors n'ajoute pas en plus les challenges que ton entourage t'impose. Vis pour toi et pas pour les autres.

C'est dur, très dur, mais une fois qu'on prend conscience des choses, le meilleur nous attend. Si tu veux être chauffeur de bus plutôt que médecin, tu as le droit. La pression mise par les parents et la société est le premier facteur des crises d'angoisse. Je ne te dis pas de ne pas écouter tes parents : ils ont vécu tellement plus de choses que toi qu'ils sont généralement de bon conseil mais ce n'est pas pour autant qu'ils ont la science infuse. Ils veulent le meilleur pour toi mais tu as le droit de construire le meilleur que toi tu as décidé d'avoir.

Aime-toi et construis
ton avenir sans te soucier
du regard des gens.
N'oublie pas : la première
personne qui doit t'aimer,
c'est toi-même.
Alors fonce devant le miroir
et dis-le plusieurs fois.

Et toi, que retiens-tu de positif ?

Quand j'ai parlé d'une de mes déceptions amoureuses à ma psy, elle m'a demandé de dresser une liste des choses positives que ça m'a apporté. Je suis parti et je me suis dit : « Comment je peux trouver du positif alors que c'est terminé ? » Finalement, elle avait raison.

La vie n'est pas un long fleuve tranquille et j'ai fini par comprendre qu'on peut trouver du positif même dans les épreuves de la vie.

Sans difficulté, on ne grandit pas.
Sans échec,
on n'apprend pas.

Que m'ont apporté de positif mes deux dernières déceptions amoureuses ?

→ J'ai pu me livrer à ma mère et à mon père ;

→ J'ai pu ouvrir de nouveau mon cœur ;

→ J'ai appris que je suis dépendant affectif ;

→ J'ai réagi de manière plus calme que d'habitude ;

→ J'ai parfois réussi à prendre du recul ;

→ J'ai réussi à me choisir moi plutôt qu'un autre quand ça s'est terminé avec X ;

→ J'ai remonté la pente assez vite en relativisant ;

→ J'ai compris ce que je voulais et ce que je ne voulais pas dans ma vie ;

→ Je suis devenu plus mature ;

→ J'ai compris que j'ai bien fait les choses et que le problème ne vient pas forcément de moi mais des soucis que peut avoir la personne en face ;

→ J'ai réussi à gérer mes émotions ;

→ J'ai pu pleurer, ce que je n'arrivais pas facilement à faire, et ça fait du bien.

Si tu as vécu un échec ou une déception, dresse une liste des choses positives que ça t'a apportées. Tu peux t'inspirer de ma liste.

Des échecs, mais aussi du positif

Quelques conseils

Comme je te l'ai déjà dit à plusieurs reprises, ce livre ne donne pas de recettes miracle pour aller mieux. Sans être pessimiste, ce n'est pas en un claquement de doigt qu'on comprend le problème. Ceci dit, certaines choses peuvent aider à aller mieux, à trouver un peu de joie et de bonheur dans la vie.

Être bien entouré

La première chose qui fait du bien, c'est d'être bien entouré. S'il y a bien un dicton que je ne vais pas écorcher, c'est bien celui-ci : **« On ne choisit pas sa famille, mais on choisit ses amis. »** La cellule familiale est l'un des principaux facteurs d'apparition d'angoisses. En revanche, les amis, eux, on les choisit, on se rapproche de personnes qui nous ressemblent. Des personnes avec qui on a des points communs. Si tu es dans une cellule familiale non propice au bien-être, les amis sont là pour t'aider à trouver un cocon bien meilleur pour toi.

Si tu t'entoures que de têtes de cassoulet, vraiment, ça ne va pas t'aider !

Marions-nous à Las Vegas

Selon moi, une des choses les plus importantes c'est de s'entourer de belles personnes. S'entourer de personnes qui t'aident à te relever en cas d'échec, qui te valorisent, qui sont toujours là dans les bons comme dans les mauvais moments. L'être humain a besoin d'interaction sociale pour vivre, alors autant bien s'entourer. C'est ce qui m'a donné la volonté de vivre ces dernières années. Il y a eu des moments où mes crises étaient tellement présentes que je me demandais à quoi ça servait de continuer. Je n'avançais pas, j'étais bloqué dans mes angoisses. Eh bien, ce sont mes amis, que je remercie du fond du cœur, qui ont toujours été là et qui m'ont aidé à remonter la pente.

Je vous remercie de m'avoir embelli, de m'avoir montré que je comptais sur cette planète.

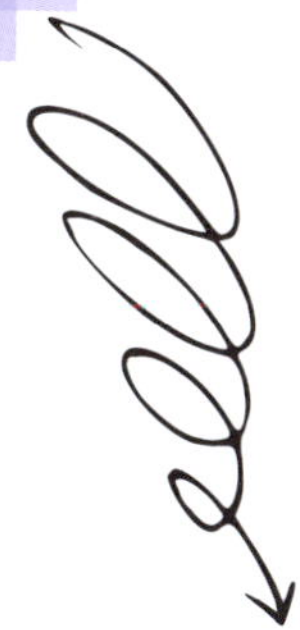

Alors oui, des fois, des amitiés se brisent, c'est ainsi. C'est que cela devait se faire. Ces personnes n'étaient pas en accord avec tes valeurs, c'est tout. Je pense avoir trouvé mes amis pour la vie maintenant, mais il y en a eu de passage. Une fois que tu as un cercle d'amis solide, ta vie change car quoi qu'il se passe,

Ils vont prendre la confiance, MISKINE.

ils seront toujours là. Ose te délester de tes amis qui n'en sont pas vraiment. Pense à ton bien-être. La vie est si courte que ça ne sert à rien de perdre du temps avec des nuisibles.

Merci Steyla d'être ma meilleure amie depuis plus de 12 ans maintenant, d'avoir rempli mes pensées de souvenirs indélébiles.

Merci Emma d'avoir toujours été à l'écoute et de bon conseil.

Merci Adé de me faire tant rire quand tu penses que la lune fait la taille de mon jacuzzi.

Merci Manon d'avoir compris et de m'avoir rassuré sur plusieurs choses qu'on a en commun dans notre « ravagerie ».

Merci Noellie d'avoir cru en moi dès le début et merci de ta franchise qui m'a permis de grandir.

Parler, parler, parler

La deuxième chose, c'est de parler. Quand je dis « parler », ça peut être « écrire ».

Nono, borgne, truie et moi

Mettre des mots sur tes problèmes, ça aide. Se dire que ça passera avec le temps n'est pas du tout une solution. Enfin, si tu fais des petites crises d'angoisse de temps en temps, peut-être mais pas si tes crises commencent à prendre le pas sur ta vie. Tu peux faire comme moi, écrire ce que ton cerveau n'a pas envie de formuler à l'oral. À l'écrit, ce sera peut-être plus simple. Tu peux aussi en parler à tes amis, à ta famille. Peut-être qu'ils ne comprendront pas ce que tu traverses mais ils pourront t'écouter. Et ça te fera du bien.

Ensuite, voir un professionnel, un psychologue, un psychiatre, un hypnotiseur... Je ne sais pas ce qui est le mieux puisque chaque thérapeute est différent, chacun à sa façon de penser, de faire les choses. Ça prend du temps pour trouver le bon, il ne faut pas désespérer. Ce n'est pas parce que tu as une mauvaise expérience avec un psy qu'ils sont forcément tous mauvais. Il y a aussi différentes thérapies, la TCC, l'EMDR, l'hypnose... Là encore, il faut trouver celle qui te convient.

La clef c'est de ne pas se décourager, il y a TOUJOURS une solution. Rien n'est gravé dans le marbre contrairement à ce que la société veut nous inculquer.

Il ne faut jamais être dans la précipitation également. J'ai longtemps pensé qu'après 3 séances de psy j'allais ressortir et être guéri. Ce n'est pas le cas ! D'autant plus si ça fait des années que tu te trimballes des crises. Ce n'est pas de la magie, c'est d'ailleurs pour ça que je t'invite à faire le nécessaire dès le début et ne pas trop attendre. Il faut aller chez un thérapeute avec la volonté d'aller mieux. Mais comme je l'ai dit à plusieurs reprises, il faut essayer de se comprendre, de comprendre pourquoi les crises sont là, pour qu'elles apparaissent moins souvent. Tu ne dois pas y aller en pensant qu'elles vont disparaître. Elles sont profondément ancrées en nous, elles sont là pour nous nous rappeler qu'on doit se chérir.

C'est tout bête, mais quand j'allais faire mes courses, je me disais : **« Je ne ferai pas de crise d'angoisse. »** Ce n'est pas du tout la bonne logique. C'est le meilleur moyen d'en faire une. Il faut se dire « Si je fais une crise d'angoisse, ce n'est rien de grave, c'est comme ça, je n'en mourrais pas ». Grâce à ça, j'arrive à relativiser. Bon, peut-être pas quand je fais une grosse crise d'angoisse, mais quand je vais faire les courses je ne suis plus trop angoissé. C'est un pas vers la guérison. J'accepte donc les crises, je ne suis plus en conflit avec elles. C'est peut-être idiot comme conseil, trop simpliste, mais ça m'a aidé. Ça ne résout pas tout MDRRR mais ça aide.

C'est comme si je te disais : « Ne pense pas à un éléphant rose »… Je suis sûr que tu es en train d'y penser là, non ?

Vous êtes nombreux à me dire en story sur Instagram : « Tu en parles de manière complètement normale, tu rends ça complètement banal le fait d'aller voir une psy, ça fait du bien. » Pourquoi je le fais ? Parce que c'est comme si j'allais acheter une baguette de pain. En quoi c'est tabou ?

on va chez le kiné pour ses articulations,
on va chez le dentiste pour ses dents,
on va chez le psy pour son mental,
point barre.

Y a rien de honteux, vraiment rien. Au contraire, c'est plus triste de rester avec ses problèmes toute sa vie que d'aller chez un psy pour aller mieux.

Je vois des personnes aigries de 50 ans pour qui c'est inenvisageable d'aller chez un psy. Il y en a même qui jugent les gens qui vont en voir. Est-ce que leur vie a été heureuse ? Pas forcément. Est-ce que la tienne sera mieux ? Peut-être.

Financièrement, le coût n'est pas négligeable, bien sûr, mais il y a une question de priorité… Lorsque j'allais chez le psychiatre, j'étais étudiant et je percevais des aides financières, mais j'en avais fait une priorité. Malgré cela, le coût peut être trop élevé. Sache que les psychiatres secteur 1 et certains psychologues des structures publiques sont remboursés. Et, depuis le 1er février 2021, des chèques d'accompagnement psychologique ont été mis en place pour les jeunes. Il existe donc quelques solutions pour éviter de payer des sommes trop importantes.

Vivre l'instant présent

C'est mon meilleur ami, mais il n'a pas envie d'être le mien, j'ai bien l'impression, MISKINE.

Vivre l'instant présent, **c'est le meilleur ami des angoissés comme moi** pour aller mieux. Tu as tendance à ruminer ? Tu es là sans être là.

La dernière fois, une amie me parlait d'une scène du film que nous venions de voir. Je n'avais aucun souvenir de cette scène alors que j'avais les yeux rivés sur l'écran. J'étais tellement obnubilé par mes pensées que je n'avais pas vu le film ! Et là, je me suis rendu compte que je ne vivais jamais l'instant présent. Mais genre jamais ! Je peux écouter 50 fois une chanson sans savoir de quoi elle parle, sans retenir les paroles. Mes oreilles ont entendu mais je n'écoutais pas. Et c'est ça le problème !

Je tiens une seconde en vivant le moment présent, après mon cerveau part en vrille complet.

Ruminer, avoir toujours la tête ailleurs, ça n'aide pas du tout pour les angoisses. On pense, on pense... On a le temps de se faire les pires scénarios apocalyptiques. On ne vit pas l'instant présent, on le subit... et c'est bien dommage. Moi qui vous répète qu'on doit croquer la vie **à pleines dents**, qu'on doit profiter, etc. Il est donc nécessaire de revenir au présent.

Je crois que je me suis amélioré depuis le début du livre, j'ai bien employé l'expression !

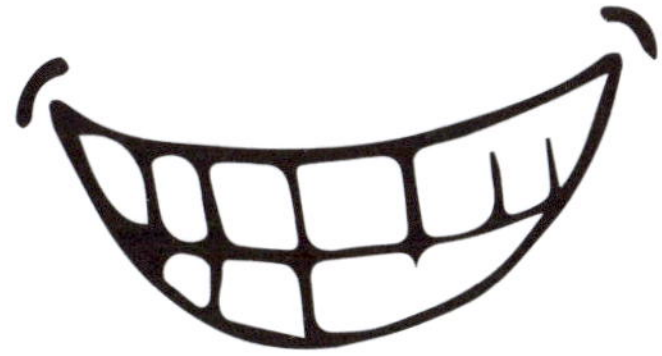

À quoi cela sert-il de ressasser le passé ou de préparer le futur si on ne vit pas le présent ? À rien. Tout simplement.

Si tu vis depuis des années comme ça, c'est très difficile de te mettre à vivre l'instant présent, mais ce n'est pas du tout impossible. Il faut commencer doucement. Par exemple, quand je me brosse les dents, j'essaie de me concentrer sur ça, de sentir la sensation du dentifrice, le goût, la fraîcheur dans ma bouche, les mouvements de la brosse à dents. Tout ce qui fait le présent, en fait. Au début, ma psy me disait de faire cet exercice pendant 30 secondes. J'ai ri et je me suis dit que ça allait être facile. Je n'ai même pas tenu 10 secondes !

Petite fleur sur l'oreille
MISKINE

Commence par des petits exercices. Si tu bronzes au soleil, ressens la chaleur du soleil sur toi, sens le vent qui touche ta peau, entends le bruit des oiseaux, celui des vagues, etc.

Utilise tes sens
et non tes pensées.

Plus tu feras ça au quotidien, plus tu arriveras à vivre l'instant présent. C'est comme de la méditation en pleine conscience. Rome ne s'est pas construite en un jour. Donc même si tu n'y arrives pas, ne t'énerve pas.

Ça fait plus d'un mois que je fais ça, et je peux te dire que j'en chie encore beaucoup MDRRR. Trouve des occupations qui te permettent de vivre l'instant présent comme courir, jouer du piano... et qui supprimeront tes pensées parasites. Fais aussi ces exercices sans aucune occupation. C'est plus difficile car tu ne fais rien d'exceptionnel, mais c'est nécessaire pour revenir à l'instant présent.

Voilà, je t'ai donné quelques petits conseils. Ça ne révolutionnera pas énormément ta vie, mais ce sont des petits pas comme ça qui font la différence, bien plus que des grands pas qui nous mènent vers quelque chose d'idyllique mais irréel.

Petits conseils d'une pro

En plus de tout ça, ma merveilleuse psychologue a quelques petits conseils, des tips, à te donner.

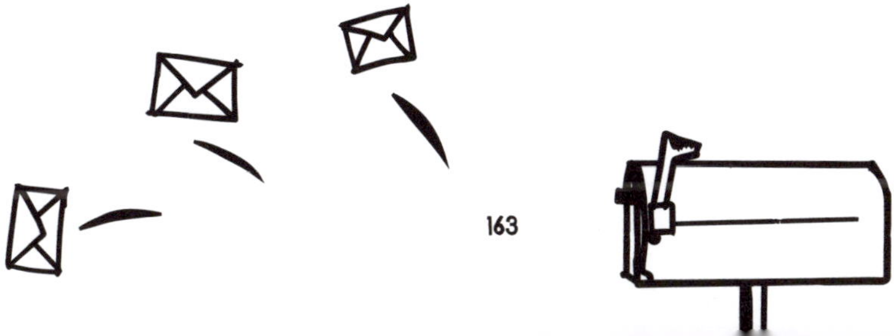

Que faire ?

Quelqu'un qui fait des attaques de panique isolée peut ne pas nécessiter de prise en charge. En revanche, pour un trouble panique, il est bien souvent nécessaire de demander de l'aide à un professionnel des troubles psychologiques (psychothérapie ou un traitement médicamenteux).

→ Après la première crise d'angoisse, la peur d'en refaire une est souvent très forte. Au premier signe, la projection dans le futur devient dramatique : « J'ai le cœur qui bat vite, c'est sûr, c'est le début d'une crise d'angoisse. » Il est possible de ressentir un des signes d'une crise d'angoisse, comme les palpitations, sans pour autant que ce soit énonciateur d'une crise d'angoisse. On peut avoir des palpitations quand on est amoureux mais aussi quand on fait un effort physique ou qu'on est devant un film qui nous émeut !

→ Éviter de ressentir de l'angoisse peut être une solution à court terme, mais pas à long terme. À long terme, l'évitement entraînera des répercussions négatives. Rappelons que l'angoisse est une émotion normale et adaptative, même si elle peut devenir « pathologique ». L'émotion est porteuse d'informations, si vous ne lui ouvrez pas la porte, elle tentera de passer par la fenêtre. Si là encore, c'est verrouillé, elle entrera par effraction, faites-lui confiance ! **Donc accueillir et non éviter**. Pour cela, portez, par exemple, votre attention à l'intérieur de votre corps. Notez 2 ou 3 choses qui se passent à l'intérieur. Observez. Généralement, si vous l'accueillez jusqu'au bout, la crise disparaîtra. Et n'oubliez pas, on ne meurt pas d'une angoisse forte.

→ En général, la première émotion ressentie (avant le drame) est légère. Elle s'amplifie bien souvent car elle déclenche des peurs et des pensées comme « Je vais refaire une crise d'angoisse ». Quand l'émotion est légère, essayez de l'accueillir dans votre corps : « C'est bon, je ressens une légère oppression de la poitrine » plutôt que de vouloir chasser cette sensation en pensant « Je ne veux pas ressentir ça ». **La respiration peut être une alliée pour accueillir ses émotions.**
L'importance du contexte : si je suis à 10 minutes d'un examen, on peut se dire que c'est une émotion normale !

→ Rappelez-vous l'importance de la **défusion d'avec sa pensée**. Si, par exemple, je sens que les battements de mon cœur s'accélèrent, je pourrais dire « Je suis angoissée », ce qui ne laisse de place pour rien d'autre. Vous devenez votre pensée. Vous fusionnez. Vous n'êtes plus qu'angoisse. Si je transforme « Je suis angoissée » en « J'ai la pensée que je suis angoissée »... cela laisse de la place à d'autres pensées comme « J'ai la pensée que je suis bien sur mon transat » (si à ce moment-là, vous êtes sur votre transat devant la piscine) ! Il en est de même avec les sensations du type « Je ressens que ».

Adopter les quatre accords toltèques

Un petit conseil de dernière minute : suivre les quatre accords toltèques, véritable philosophie de vie. *Les Quatre Accords toltèques*, c'est un livre de Miguel Ruiz[1] qui reprend 4 grands principes que je tente d'appliquer :

→ Avoir la parole impeccable ;

→ Ne pas faire de supposition ;

→ Ne pas prendre les choses personnellement ;

→ Faire toujours de son mieux.

Évidemment, dans le livre c'est beaucoup plus détaillé, c'est pour ça que je t'invite vivement à te renseigner de ton côté. Ça paraît simple mais c'est si difficile de les appliquer au quotidien ! J'oublie souvent ces quatre accords mais j'essaie vraiment de les appliquer. J'en vois déjà les bienfaits sur mon moral, je trouve que c'est le meilleur conseil que je puisse te donner pour la fin de ce livre.

[1]*Les Quatre Accords toltèques, La voie de la liberté personnelle,* Miguel Ruiz, Jouvence, 2005.

Les problèèèèèmes

Coach Zooozooo

Et pour la suite ?

Se livrer pour se délivrer

On arrive quasiment à la fin de ce livre... Je ne te cache pas que c'est avec un pincement au cœur que je vais écrire les dernières lignes.

Jamais je ne me suis autant livré, **préférant toujours taire mes émotions**. Je ne suis pas quelqu'un qui se dévoile. Je n'ai jamais parlé des détails de ma jeunesse avec mes proches. Et c'est le paradoxe de la chose. Aujourd'hui, je me livre énormément dans un livre qui sera vendu peut-être à 2 ou 3 exemplaires, mais je me livre potentiellement à tout le monde. Et pour autant, ça ne me fait rien, c'est comme si je ne me livrais pas mais que je me délivrais. Je me délivre d'un poids que j'avais trop longtemps gardé sur mes épaules.

MISKINE ! il se prend pour Damon Salvatore.

C'est comme si j'avais besoin de passer par là pour qu'on comprenne enfin ce que traverse un angoissé de la vie. J'ai l'espoir que ce livre ne sera pas simplement vu comme quelqu'un qui raconte sa vie, mais plutôt comme une aide pour se sentir moins seul, qui permettra à ceux qui mènent une vie sans angoisse de comprendre ce que traverse un angoissé.

J'espère aussi montrer qu'on a tous vécu des choses marquantes dans notre jeunesse qui restent ancrées en nous. J'ai longtemps pensé que mes problèmes étaient petits par rapport à tout ce qui se passe dans le monde. Comment se plaindre de son enfance, de ses petites crises d'angoisse, quand on voit les atrocités qui se passent dans d'autres pays ? Je me suis longtemps dit : « Tu n'as pas le droit de pleurer, tu n'as pas le droit de penser que ce que tu traverses est horrible. » Et pourtant, maintenant, je prends conscience qu'on a tous des problèmes. Peut-être sont-ils petits aux yeux de certains et gros pour d'autres. Chacun réagit différemment à une situation donnée.

Après avoir pris conscience de mes problèmes, je me suis dit : « Oui, James, tu as le droit de te plaindre, tu as le droit de pleurer. »

On a tous des problèmes, ne minimise jamais les tiens. Tu as le droit d'être triste parce qu'un escargot est mort sous tes yeux. Peut-être qu'une autre personne ne ressentirait pas la même émotion, mais chacun a sa propre conception des choses. Les minimiser, c'est refouler ses sentiments. **Alors oui, tu as le droit de pleurer, tu as le droit de te plaindre.**

C'est un déchirement vraiment MDRRR. Je ne veux pas m'arrêter d'écrire. C'était si bien de parler, de te parler. Tout ce que j'ai écrit ici, je ne pense pas que j'aurais été capable de le transmettre à l'oral.

T'as grave le droit de mater tous les *Twilight* ou de regarder *Titanic* avec une boîte de mouchoirs. Comme dit ma mère : « Chiale, tu pisseras moins ! »

C'est pour cela que j'insiste, si tu n'arrives pas à parler, écris ! Que ce soit pour toi ou pour quelqu'un d'autre. Ça fait du bien.

Grâce à ce livre, j'ai appris à :

- → Accueillir mes problèmes ;
- → Accepter mes faiblesses ;
- → M'engager sur un chemin d'amour envers moi-même ;
- → Me comprendre ;
- → Retrouver de l'estime pour moi-même.

Le chemin ne fait que commencer mais moi qui me croyais anormal, je finis par comprendre que j'ai ma place dans cet écosystème comme tout être vivant. La valeur qui m'est propre n'est définie que par moi et non par les autres. Quand tu commences à comprendre ça, tu peux entamer le processus de guérison de ton toi intérieur. Rappelle-toi : James aime James. On nous dit d'être francs, d'être sincères.

Si tu veux être sincère envers les autres, sois-le d'abord avec toi-même.

MDR Vu comment je n'ai pas été respecté depuis janvier dernier, on part sur une 29e année !

Un autre livre ?

Qu'est-ce qu'on peut se souhaiter toi et moi pour finir ce livre ? Le bonheur ? L'amour ? La réussite ? La santé ? Je te souhaite tout ça ! Fais-en de même pour moi MISKINE.

Surtout l'amour. J'ai tellement pas été respecté sur ce point-là que je pourrais écrire un livre de 1 000 pages. Il s'appellerait ***28 ans sans amour***, un truc du genre. J'en ai vu passer des mecs, mais je n'ai jamais connu l'amour avec un grand A. C'est ça qui est drôle, je connais si peu de choses sur l'amour, et pourtant je pourrais en parler des heures. Je fonce dans des histoires bancales où tu sais que ça pue la merde mais tu choisis quand même d'y aller en te bouchant le nez. Une fois arrivé dans ce ramassis, l'odeur finit quand même par traverser tes naseaux.

Des hétéros perdus, des histoires virtuelles, des beaux parleurs, des « Je cherche du sérieux » qui t'envoient leur bite en photo alors que tu ne les as même pas encore rencontrés. Et ainsi de suite. Le pire, c'est de se faire larguer par un mec alors même que tu ne sors pas avec lui et que tu ne l'as jamais vu. Là, c'était violent ! Comment s'est possible ? Dans ma vie, c'est possible : je m'attache au moindre truc, **je peux avoir de la compassion** pour une mouche avec une aile cassée. À partir du moment où le gars sait que je suis dépendant affectif, il en joue. N'ayant fréquenté que des mecs qui me prenaient pour un

Bon, pas pour un moustique par contre...

Le livre est désormais fini, mais je reviens pour un énième commentaire... sachez qu'aussi étrange soit-il j'ai dégagé tous les mecs bancals de ma vie ! JE VEUX DES APPLAUDISSEMENTS !!!

mouchoir, un simple bout de jambon, je suis assez frustré de ne pas avoir vécu d'histoire d'amour. OH LÀ LÀ, ça y est, je divague mais je vous jure que si mes éditrices sont d'accord, je pars sur un tome 2 ! Espérons que ce tome 1 soit un franc succès et espérons aussi que tu aies envie d'en apprendre plus sur ma vie chaotique MISKINE. Un ancien connard est revenu récemment, vais-je replonger pour la troisième fois ? MDRRR je connais déjà la réponse.

Pourquoi on retourne toujours dans le cambouis ?

On va bien rire si je l'écris ! J'ai hâte de noter tous ces mecs en mettant des faux noms.

Entoure le « oui » si tu veux que je l'écrive ou le « non » si tu ne préfères pas. Envoie-moi ta réponse en MP sur Instagram (insta : noholit_o) !

OUI NON

Bisous,
et tout simplement merci.

Je vous quitte sur cette photo de fragile MDR où j'ai encore les larmes qui montent HAHAHA !

Et pour toi, c'est quoi la suite ?

Que te souhaites-tu pour le futur ? Cet espace est pour toi !

Une fois que tu auras écrit ce que tu voulais, arrache cette page et garde-la avec toi. Si tu n'as pas le moral, relis-la pour te booster !

La porte du bonheur

Le livre part à l'impression dans quelques jours, mais je ne pouvais pas le laisser partir sans y inscrire mes derniers progrès. Ce livre, c'est une partie de moi et j'ai vraiment envie qu'il soit à la hauteur de mes espérances, c'est-à-dire complet.

Depuis mes dernières séances avec ma psychologue, je vois le monde qui m'entoure totalement différemment. Je l'accueille non plus comme un danger, mais avec bienveillance. Un angoissé comme moi est toujours sur le qui-vive, il ne vit pas, il survit. Il prévoit les pires scénarios.

Aujourd'hui, la porte du bonheur commence à s'ouvrir.

C'est l'image qui est apparue pendant mes deux dernières séances d'EMDR, mon subconscient m'a littéralement montré cette porte qui s'ouvrait.

J'ai enfin fait le deuil de mon passé. J'ai enfin compris qu'il n'avait plus de conséquence sur le présent. J'ai également capté que le passé et le futur sont deux temps, deux époques, où il ne faut pas se perdre trop longtemps. Ressasser le passé, comme prédire le futur, n'apporte rien de bon. C'est le présent qu'on doit vivre, l'instant présent. C'est assez bizarre à décrire, cela pourrait être vu comme de la magie MISKINE.

En Italie, j'ai remarqué que je faisais des progrès de jour en jour, sur tous les points. Pas à pas, j'avance à mon rythme.

C'est magnifique d'apprécier le monde,
d'apprécier la vie sans la subir.
D'avoir de moins en moins peur de vivre.
Oui, à avoir peur de tout,
j'avais finalement peur de vivre tout court.

C'était devenu normal pour moi de ne plus sortir, de ne plus aller au restaurant. Je me rends compte maintenant de l'importance de ces moments que je ne vivais pas. Des moments de partage avec les gens qu'on aime. C'est le principe d'une vie d'avoir des interactions sociales. Moi, je les évitais, je ne vivais pas.

J'ai fait du shopping à Venise ! Chose que je ne faisais plus, d'une part parce que je suffoquais et d'autre part parce que j'étais tellement dans l'angoisse que je ne trouvais pas d'habits qui me

plaisaient, je n'étais pas dans l'instant présent. C'est la première fois depuis quasiment 7 ans que j'ai apprécié de choisir des habits, de les acheter. Rien que ça, en sortant du magasin, j'étais heureux. Heureux de ce grand pas que je n'avais plus fait depuis tellement d'années.

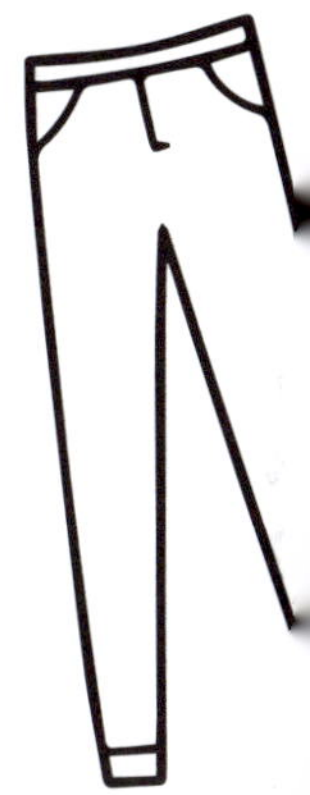

Ensuite, je suis allé deux fois au restaurant : une fois à Venise, l'autre en Sardaigne. Je ne me rappelais même plus quand j'y étais allé avant ça... Ponctuellement, je sentais l'angoisse revenir, mais au lieu de la combattre ou de partir dans un scénario catastrophe, je la laissais venir et je me disais : « C'est pas grave si l'angoisse est là. » Je l'ai acceptée et elle est repartie.

Elle et moi, nous nous sommes enfin compris, nous avons fait la paix. Alors, le chemin est encore long, mais j'ai bon espoir d'être sur le bon chemin. **Je vais à mon rythme** et je remercie mon amie qui m'a laissé avancer pendant ce voyage sans jamais me forcer à quoi que ce soit.

MDR on dirait que je parle d'un escargot qui a du mal à avancer ! Je me fatigue HAHAHA

Je me choisis

Les crises d'angoisse, le manque d'estime et de confiance en moi, tout ça a fait que je me suis perdu. Et encore plus avec les mecs. Comme je te l'ai dit, quand je commence à bien aimer quelqu'un, je ne pense qu'à lui, il devient ma priorité. Je le fais passer avant moi. Et là encore, j'ai pris l'une des plus grandes décisions de ma vie : j'ai décidé de me choisir. Je me suis choisi. Ce n'est pas anodin !

Se choisir, c'est aussi s'aimer, commencer à réapprendre à s'accorder de l'importance.

Et les crises d'angoisse sont là pour nous rappeler qu'on ne se chérit pas assez. La société actuelle nous pousse à mettre notre bien-être de côté.

J'ai parlé à un garçon, appelons-le Pablo, qui m'a fait prendre conscience de tout cela. Pendant 6 heures au téléphone, il m'a écouté et conseillé. Je ne lui ai parlé qu'une seule fois, pourtant ma psy m'a dit : « Quoi qu'il advienne, cette personne aura planté une graine dans votre esprit et vous vous en souviendrez toujours. » Il m'a marqué, à sa manière, sans même qu'on se soit rencontrés.

Je parlais à un mec depuis plusieurs mois. Ça traînait, je savais que j'allais vers quelqu'un de perdu et que j'allais être mal. J'allais plonger dans une histoire bancale, mais je n'arrivais pas à y mettre fin. J'ai dit à Pablo : « Je préfère que ce soit lui qui décide de mettre fin à la relation, comme ça, je n'aurai aucun regret. » Sa réponse simple résonne encore dans ma tête et j'entends sa voix qui me dit : « Alors tu laisses quelqu'un décider pour toi, tu ne te choisis pas. »

Pendant ce même appel, je lui ai dit : « Mais je ne comprends pas, je ne demande rien, et ces mecs-là reviennent toujours. La vie fait en sorte que je sois dans la merdasse ! » Ce à quoi il a répondu : « C'est l'univers qui te teste : quand ces mecs reviennent, tu peux tout simplement ne pas les accepter. Tu ne peux pas dire que la vie ne te respecte pas car tu n'as qu'à les refuser et, en ne les acceptant plus, tu finiras par accueillir des gens qui valent vraiment le coup. Sinon, tu montres à l'univers que tu es toujours dans ce même schéma perpétuel. Comment pourrais-tu accueillir des personnes qui valent le coup ? » J'ai enfin compris que le problème ne venait pas des mecs que je fréquentais mais de moi.

Qu'un travail sur moi devait être fait. Et j'en suis là, aujourd'hui !

En vrai, Picasso, EUH, Pablo, pourquoi tu ne me recontactes pas ? Dites à Pablo de me recontacter, on aurait une belle vie !

Des restaurants, des boutiques, des transports en commun (tu connais les vaporettos, ces bateaux-bus vénitiens dans lesquels les gens s'entassent ?)... Le travail est en train de se faire. J'apprécie dorénavant la vie, ma propre compagnie et des petites choses du quotidien. Je vais faire un peu de tapis roulant à la salle de sport, je fais mes petites courses, je lis, j'écoute les oiseaux dans mon jardin, j'apprécie les moments passés avec mes amis. Je me suis rendu compte que le bonheur était au creux de ma main. Que j'avais juste à l'ouvrir pour enfin être heureux.

Ne te décourage pas si tu n'es pas encore sorti des crises d'angoisse.
Ça arrive petit à petit,
mais une fois que la première pierre est posée, une fois que le premier pas est fait, je peux te dire que ça roule tout seul.

Pour m'aider à prendre conscience du pouvoir qui est en moi, j'écoute des podcasts, notamment *Métamorphose, éveille ta conscience !* d'Anne Ghesquière, et **je lis des livres,** notamment celui de Laurent Gounelle, *L'Homme qui voulait être heureux.* Peut-être que ça peut t'aider aussi.

Je suis écrivain ET lecteur maintenant !

Je vous aime.

cette fois-ci, le livre est vraiment terminé… À moins que je vous aie ajouté une petite recette de tielle juste après… HIHI

Tielle forever, la recette

Si un jour on m'avait dit que j'écrirais un livre et qu'il y aurait une recette de tielle dedans… C'est tellement bon !
Je me suis mis à la cuisine et j'ai essayé de faire une tielle pour mon anniversaire HAHAHA ! **Je te laisse apprécier le résultat…**

En attendant, je n'abandonne pas, j'y arriverai !
À toi d'essayer ! Partage le résultat sur les réseaux en me taguant !

ZZZz...

Préparation :
30 min

Repos :
1 h

Cuisson :
1 h 30

Ingrédients pour 6 personnes

Pour la pâte

1 sachet de **levure lyophilisée**

2 cuillères à soupe d'huile d'olive

400 g de farine

3 cuillères à soupe d'eau tiède

Y a 15 variétés de levure. Moi, je n'avais pas celle-là... À toi de voir si tu veux faire la même erreur que moi !

Pour la garniture

Du sel

Du poivre

Du **romarin**

J'avais pas, j'ai fait sans !

De l'huile d'olive

3 gousses d'ail

1 kg de tomates

1 kg de calamars

2 oignons

1 œuf

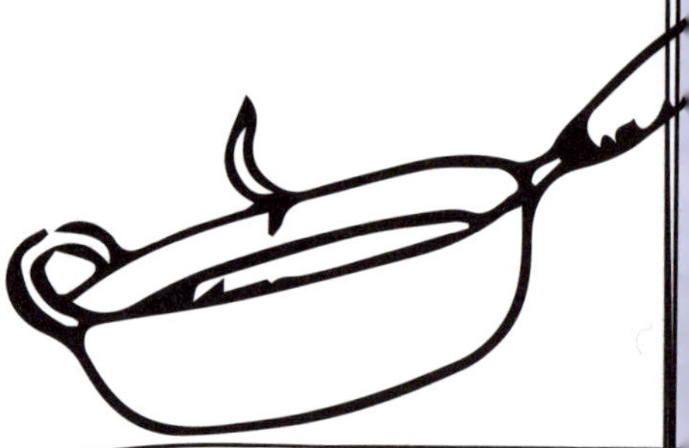

La pâte

1 → Verse la levure dans le bol d'eau tiède et mélange bien. 'Fin, n'y va pas trop fort, le but c'est que la levure reste dans le bol, gousse d'ail.

2 → Dans un saladier, verse la farine, ajoute une pincée de sel, l'huile d'olive, et enfin la levure. Mélange le tout.

3 → **Travaille la pâte à la main** en ajoutant un peu d'eau de manière à obtenir une boule lisse et homogène.

Ta mère le chantier ! On dirait du slime !

Laisse reposer 1 h. Pendant que la pâte repose, prépare la garniture.

Je te conseille de la mettre dans un saladier recouvert d'un torchon ou dans du film alimentaire.

La garniture

1 → Ébouillante, pèle et épépine les tomates. Le fait d'ébouillanter les tomates va te permettre de les peler plus facilement, mais attends un peu avant d'enlever la peau, sinon c'est la brûlure garantie ! Une fois que c'est fait, coupe les tomates en cubes.

2 → Pèle et émince l'oignon et l'ail. Fais-les revenir dans une casserole avec un peu d'huile d'olive. Ajoute les tomates et 1 brin de romarin. Assaisonne avec le poivre et le sel selon ton goût et mélange.

3 → **Nettoie les calamars**.

EURK ! ça pue !

Coupe **les tentacules** en morceaux et les blancs en rondelles. Ajoute les calamars dans la sauce et laisse mijoter 1 h à feu doux. Laisse refroidir.

RE EURK !
ça pue ! ça pue !

Le dressage

Mets de l'huile sur de l'essuie-tout et badigeonne le moule.

Avec un rouleau à pâtisserie !

1 → **Huile** le moule à tielle.

2 → Prélève les deux tiers de la pâte, **étale-la** et **fonce le moule**.

Ça veut dire que tu mets la pâte dans le moule.

3 → Répartis la sauce aux calamars sur la pâte.

4 → Étale le reste de la pâte pour former un couvercle et pose-le sur la préparation en prenant soin de bien souder les bords. Pour ça, mouille l'extrémité de tes doigts et pince les bords des deux pâtes ensemble.

5 → Badigeonne la tielle avec 1 jaune d'œuf battu (si tu as un pinceau de cuisine pour le faire, c'est mieux, sinon fais comme tu peux). Glisse le plat dans le four préalablement chauffé à 210 °C (thermostat 7), et laisse cuire 30 min.

Suis bien la recette si tu veux que ça ressemble à quelque chose. Je ne l'ai pas fait, résultat : on dirait que j'ai chié dans un moule !

Remerciements

J'ai déjà remercié mes amis mais je tenais aussi à remercier plus particulièrement mes parents qui ont fait de moi une belle personne et qui m'ont inculqué de belles valeurs.
Je sais que ça n'a pas été de tout repos de m'élever !
Vous avez fait ce que vous avez pu et, je peux le dire en tout franchise, vous avez fait du bon travail. Je vous dois mon côté ravagé HAHAHA, mais c'est ce qui fait ma force.

Merci papa, merci maman.

Achevé d'imprimer en France par Roto France en octobre 2021.